LA CUISINE CHINOISE

CHINOISE

TRADITIONNELLE

Couverture
- Conception graphique:
  KATHERINE SAPON
- Photo:
  MARYSE RAYMOND

Maquette intérieure
- Conception graphique et photocomposition:
  COMPOTECH INC.
- Photos:
  YVES BEAULIEU

Équipe de révision
Daniel Ariey-Jouglard, Anne Benoît, Jean Bernier, Patricia Juste, Jean-Pierre Leroux, Odette Lord, Linda Nantel, Paule Noyart, Robert Pellerin, Jacqueline Vandycke

DISTRIBUTEURS EXCLUSIFS:

- Pour le Canada:
  AGENCE DE DISTRIBUTION POPULAIRE INC.*
  955, rue Amherst, Montréal H2L 3K4 (tél.: 514-523-1182)
  * Filiale de Sogides Ltée

- Pour la France et l'Afrique:
  INTER-FORUM
  13, rue de la Glacière, 75013 Paris (tél.: (1) 43-37-11-80)

- Pour la Belgique et autres pays:
  S. A. VANDER
  Avenue des Volontaires, 321, 1150 Bruxelles
  (tél.: (32-2) 762.98.04)

JEAN CHEN

LA CUISINE CHINOISE

TRADITIONNELLE

LES ÉDITIONS DE L'HOMME *

CANADA: 955, rue Amherst, Montréal H2L 3K4

*Division de Sogides Ltée

Données de catalogage avant publication (Canada)

Chen, Jean

    La cuisine chinoise traditionnelle

    2-7619-0605

    1. Cuisine chinoise. I. Titre.

TX724.5.C5C53 1986   641.5951   C86-096232-6

© 1986 LES ÉDITIONS DE L'HOMME,
DIVISION DE SOGIDES LTÉE

Bibliothèque nationale du Québec
Dépôt légal — 2ᵉ trimestre 1986

ISBN 2-7619-0605-5

Je remercie chaleureusement les personnes suivantes qui m'ont aidé ou encouragé et sans qui ce livre n'aurait peut-être jamais été rédigé: Angélique Beauchemin, Yves Beaulieu, Paul Brennan, Claude-Yves Charron, Pierre Chen, Richard Faubert, Raymond Foo, Monique Gascon, Arles Hernandez, Peter Lai, Benny Lam et Ruth Koo Lam, François et Hubert Larose, Denys Lessard, Jimmy Mak, Romero, Hubert Verret, Victor et Marie France Wong.

Préface

J'ai eu le plaisir d'être invitée par Jean à un de ses banquets d'amitié. Dès notre entrée à son domicile, nous sommes transportés au coeur de la Chine antique. Une brève explication nous est donnée sur la signification de quelques tableaux à caractère chinois suspendus au-dessus de magnifiques candélabres de bronze. C'est en humant et en dégustant le bon thé chinois accompagné de délicieux bonbons traditionnels que nous prêtons l'oreille à ce que Jean nous révèle sur les traditions que conserve chaque foyer chinois au Québec. À sa table, un périple gastronomique nous est offert par la présentation de différents plats provenant de la région de Sichuan, en l'occurrence des mets épicés, et des aigre-doux de la région de Canton qui, par leur heureux contraste, savent nous charmer, sans oublier le délicieux canard pékinois.

La décoration de ses plats, la subtilité et le raffinement de ses mets nous font découvrir l'âme d'un grand artiste chinois. Le vin qui accompagne chaque plat est choisi avec discernement, ce qui aide à la détente et à la joie de vivre.

Jean n'a pas voulu garder pour lui seul tous les secrets de sa bonne table et c'est pourquoi il a choisi de partager son expérience avec des amis en donnant des cours de cuisine chinoise dans une atmosphère d'amitié et de fraternité. Jean représente bien pour nous le bon vivant, digne de sa bonne table.

Angélique Beauchemin,
responsable des voyages en Chine
à la Société Canada-Chine

9

Introduction

Le présent recueil contient 100 recettes chinoises, dont la plupart ont été sélectionnées parmi les plus célèbres de notre répertoire, dont des plats de Pékin, de Shanghai, de Sichuan et de Canton. Chaque plat, trié sur le volet, est un mets recherché puisqu'il respecte l'harmonie des principes yin et yang de la philosophie chinoise que les publics québécois et chinois savent apprécier à sa juste valeur.

La préparation de ces plats est simple. Nos amis québécois ne devraient pas hésiter à se lancer d'emblée dans la préparation des recettes qui vont suivre et, guidés par nos conseils, ils s'achemineront vers la réussite culinaire.

On distingue deux styles de cuisine chinoise: celle du Nord et celle du Sud. Toutefois, nous observons ces dernières années qu'elles s'influencent l'une l'autre. Et, par conséquent, beaucoup de nouvelles variétés ont été créées. Nous en avons recueilli certaines pour nos lecteurs.

Nous n'avons pas négligé le néophyte qui trouvera, au fil des pages, des renseignements d'ordre pratique: un lexique français-chinois des ingrédients utilisés dans les recettes ainsi que des adresses utiles à Montréal. En plus des recettes chinoises que le lecteur pourra refaire aisément à l'occasion de repas exotiques, nous formulons le souhait que ce recueil l'incite à confectionner ses propres plats selon les règles gastronomiques du principe yin et yang de la philosophie chinoise sur lequel est basée la gastronomie millénaire. Il lui suffira pour ce faire d'adapter les recettes indiquées selon les ingrédients, les quantités et les besoins spécifiques de chacun.

Bon appétit et bonne santé!

Note au lecteur

On peut se procurer la plupart des ingrédients utilisés pour la préparation des recettes de ce livre dans les épiceries et les marchés d'alimentation. Quant aux ingrédients et aux différents produits d'origine chinoise tels que le bach-choi, le cheng mien, le hua trao, le vinaigre noir, le tsoi xum, la sauce saté, le canard rôti, le melon d'hiver, les oeufs de canard, le nappa, les vermicelles Saho, les boulettes de poisson et de crevettes, la sauce et la pâte hoi-tsin, les feuilles de moutarde, les têtes de moutarde marinées, les pousses de bambou, le riz gluant, les champignons de paille en conserve, etc., il est facile de les trouver dans toutes les épiceries du quartier chinois. Lorsqu'une recette nécessite l'utilisation du bouillon de poulet, nous recommandons le bouillon Star, un excellent produit fabriqué en Suisse et en Italie.

Soupe yin-yang

Ingrédients

2 boîtes de maïs en crème
1 boîte de petits pois (sucrés de préférence)
1 boîte de 170 g (6 oz) de chair de crabe
1/4 de boîte de crème de coco en conserve ou surgelée, non sucrée
250 ml (1 tasse) de lait écrémé

Assaisonnements:
sel et poivre
2 c. à soupe (2 c. à table) combles de fécule de tapioca (fécule)
huile de maïs

Préparation et cuisson

Yang: Verser le maïs dans une casserole et amener à ébullition en remuant constamment avec une paire de baguettes. Baisser le feu, ajouter 1 c. à soupe (1 c. à table) comble de tapioca dans 125 ml (1/2 tasse) de lait, et bien mélanger. Incorporer cette préparation à la crème de maïs en remuant constamment avec les baguettes. Ajouter la chair de crabe et la crème de coco. Assaisonner avec 1/2 c. à café (1/2 c. à thé) de sel et une pincée de poivre.

Yin: Broyer les pois à vitesse moyenne dans le mélangeur ou les réduire en purée avec une cuiller. Verser dans une petite casserole. Dissoudre 1 c. à soupe (1 c. à table) comble de fécule de tapioca dans 125 ml (1/2 tasse) de lait et verser dans la purée. Amener à ébullition en remuant constamment avec les baguettes.

Présentation

Dessiner un cercle sur une feuille blanche en utilisant le contour d'un grand bol. Dessiner ensuite un grand "S" pour séparer le cercle et découper ensuite celui-ci en deux. Verser la préparation yang dans un grand bol, sauf 1 c. à soupe (1 c. à table) comble que vous réserverez. Cacher une partie du bol avec un demi-cercle. Verser 1 c. à soupe (1 c. à table) d'huile de maïs de l'autre côté. Verser la préparation yin par-dessus sauf 1 c. à soupe (1 c. à table) que vous mettrez de côté. Soulever légèrement le papier et déposer la cuillerée restante de préparation yang du côté yin et la cuillerée de préparation yin du côté yang.

Soupe aigre-douce

Ingrédients

125 g (4 oz) de champignons parfumés ou 12 champignons parfumés séchés

4 cubes de tofu

1 oeuf

3 1/3 c. à soupe (3 1/3 c. à table) de vinaigre de vin

1/3 c. à café (1/3 c. à thé) de sauce chili

3 c. à soupe (3 c. à table) de tapioca (fécule) dissous dans 125 ml (1/2 tasse) d'eau

2 à 2,5 L (8 à 10 tasses) d'eau

4 cubes de bouillon de poulet

1 c. à café (1 c. à thé) de glutamate de sodium

6 c. à soupe (6 c. à table) de sauce soya claire

2 c. à soupe (2 c. à table) de sauce soya noire

250 ml (1 tasse) de pousses de bambou

250 g (8 oz) de porc barbecue

1/2 poivron rouge

1/2 poivron vert

poivre noir (pour saupoudrer généreusement le dessus)

huile de sésame

Préparation

Couper les poivrons, le porc, les champignons et les pousses de bambou en julienne. Si on utilise les champignons parfumés séchés, on doit d'abord les faire tremper dans l'eau pendant 30 minutes. Battre l'oeuf dans un bol. Préparer la fécule dans un autre bol. Porter l'eau à ébullition.

Cuisson

Ajouter les cubes de bouillon de poulet dans l'eau. Ajouter tous les autres ingrédients et tous les assaisonnements, sauf l'huile de sésame et le poivre.

Présentation

Verser la soupe dans un grand bol et poivrer généreusement le dessus en ajoutant quelques gouttes d'huile de sésame.

Soupe aux oeufs et aux champignons

Ingrédients

4 oeufs
4 oignons verts
2 L (8 tasses) d'eau
1 carcasse de poulet ou 2 cubes de
  bouillon de poulet
2 c. à soupe (2 c. à table) de viande
  hachée
1 boîte de 400 ml (13 oz) de champignons volvaires* ou de champignons de Paris
2 c. à café (2 c. à thé) de sel
1 c. à café (1 c. à thé) de glutamate
  de sodium
poivre
huile de sésame

Préparation

Battre les oeufs, hacher 3 des oignons verts en petits dés et taillader le quatrième pour qu'il ressemble à une fleur.

Cuisson

Porter l'eau à ébullition, ajouter la carcasse de poulet ou les cubes de bouillon et laisser mijoter pendant 20 minutes. Retirer les os du bouillon si vous avez utilisé une carcasse de poulet. Ajouter la viande hachée en remuant constamment, puis les champignons. Amener l'eau à ébullition une seconde fois. Verser lentement les oeufs battus en remuant avec une paire de longues baguettes. Saler et

*Champignon blanchâtre à lamelles roses dont le pied est enveloppé dans une ample volve.

ajouter le glutamate de sodium. Rectifier l'assaisonnement au besoin.

Présentation

Verser la soupe dans une soupière ou dans des bols. Poivrer, ajouter les oignons verts hachés et quelques gouttes d'huile de sésame. Déposer l'oignon vert en fleur au centre de la soupière.

Cette soupe est communément appelée la "traversée du dragon vert".

Soupe au poulet et aux pois mange-tout

Ingrédients

750 ml (3 tasses) de poitrines de poulet, coupées en dés

250 ml (1 tasse) de pois mange-tout

250 ml (1 tasse) de carottes en lamelles

3 L (12 tasses) d'eau

2 1/2 c. à café (2 1/2 c. à thé) de sel

2 1/2 c. à café (2 1/2 c. à thé) de glutamate de sodium

3/4 c. à café (3/4 c. à thé) de sucre

2 c. à café (2 c. à thé) de vin blanc

3/4 c. à café (3/4 c. à thé) de poivre

Préparation

Blanchir les légumes afin qu'ils conservent leur couleur tout en restant croquants sous la dent.

Cuisson

Faire bouillir de l'eau dans un wok ou dans un bol et ajouter tous les autres ingrédients. Continuer la cuisson à grande ébullition pendant 15 minutes.

Présentation

Verser dans une soupière.

Cette soupe est délicieuse avec du saumon fumé servi nature.

Soupe au tofu

Ingrédients

6 morceaux de tofu (1 paquet)
125 g (4 oz) de petits pois
250 g (8 oz) de viande barbecue ou
  hachée
1 botte d'oignons verts
2,5 à 3 L (10 à 12 tasses) d'eau
6 champignons chinois parfumés

Assaisonnements:

3 c. à soupe (3 c. à table) combles
  de tapioca (fécule) dissous dans
  125 ml (4 oz) d'eau
2 cubes de bouillon de poulet (on
  peut utiliser du véritable bouillon
  de poulet)
1/2 c. à café (1/2 c. à thé) de
  glutamate de sodium
1 soupçon de poivre
1 c. à café (1 c. à thé) de sel (ou au
  goût)
quelques gouttes d'huile de sésame

Préparation

Amener l'eau à ébullition et ajouter les cubes de bouillon de
poulet. Faire tremper les champignons dans l'eau froide
pendant 30 minutes et les couper en petits dés avant de les
mettre dans la soupe. Ajouter les petits pois. Couper le tofu
en gros dés et le mettre dans la casserole avec la viande.
Hacher les oignons verts. Ajouter le glutamate de sodium,
le sel, le poivre et le tapioca dissous. Cuire pendant 10
minutes au plus.

Présentation

Verser la soupe dans un grand bol et recouvrir d'oignons verts hachés. Ajouter quelques gouttes d'huile de sésame avant de servir.

Soupe au maïs

Ingrédients

1 boîte de maïs en crème
1 poitrine de poulet
1,25 L (5 tasses) de bouillon de
poulet
3 c. à soupe (3 c. à table) de tapioca
(fécule)
sel
1/2 c. à café (1/2 c. à thé) de
glutamate de sodium
2 jaunes d'oeufs
1 c. à soupe (1 c. à table) d'huile
végétale
1/2 c. à café (1/2 c. à thé) d'huile
de sésame
1 bouquet de persil
1 cerise

Préparation et cuisson

Amener le bouillon de poulet à ébullition. Verser le maïs,
saler et ajouter le glutamate de sodium et l'huile de
sésame. Dissoudre le tapioca dans l'eau et verser lentement dans la soupe. Battre les jaunes d'oeufs et les verser
dans la casserole avec l'huile végétale. Découper la poitrine
de poulet en lamelles.

Présentation

Verser la soupe dans un grand bol et ajouter les lamelles de
poulet. Déposer une touffe de persil au centre et placer une
belle cerise au milieu des brindilles, ce qui fera un superbe
contraste de couleurs.

Soupe aux ailerons de requin

Ingrédients

45 g (1 1/2 oz) d'aileron de requin
100 g (3 oz) de poitrine de poulet
1 blanc de poireau
2 tranches de gingembre frais
8 crevettes moyennes, fraîches
1 c. à café (1 c. à thé) de vin de
   cuisine
1,25 L (5 tasses) de bouillon de
   poulet
1 c. à café (1 c. à thé) de sel
1/2 c. à café (1/2 c. à thé) de
   glutamate de sodium

Préparation et cuisson

Faire tremper l'aileron de requin dans l'eau chaude. Quand l'eau est refroidie, laver l'aileron et égoutter. Mettre dans l'eau et amener à ébullition. Laisser mijoter pendant 1 heure. Couper la poitrine de poulet en fines lamelles. Décortiquer et laver les crevettes. Mettre dans un bol avec le vin et laisser mariner pendant 3 minutes. Couper le poireau en julienne.

Amener le bouillon à ébullition, ajouter le poireau, le gingembre, le poulet et l'aileron bien égoutté. Cuire pendant 20 minutes. Ajouter les crevettes et cuire pendant 1 minute. Assaisonner avec le sel et le glutamate de sodium. Servir bien chaud.

Soupe aux tomates, aux oeufs et aux oignons

Ingrédients

2 tomates rouges, bien mûres
1 oignon
2 c. à soupe (2 c. à table) de porc haché
2 cubes de bouillon de poulet dissous dans 1 L (4 tasses) d'eau bouillante
2 c. à soupe (2 c. à table) d'huile végétale
1 c. à café (1 c. à thé) de sel
1/2 c. à café (1/2 c. à thé) de glutamate de sodium
1 oeuf

Préparation et cuisson

Épépiner et laver les tomates et les couper en 6 morceaux. Laver l'oignon et le couper en morceaux de même grosseur. Battre l'oeuf.

Faire chauffer l'huile végétale dans un wok. Faire cuire l'oignon, les tomates et le porc pendant 3 minutes. Ajouter les cubes de poulet dissous dans l'eau bouillante. Amener à ébullition et laisser mijoter à feu doux pendant 5 minutes. Assaisonner avec le sel et le glutamate de sodium. Verser l'oeuf battu très lentement dans la soupe en ébullition et servir immédiatement.

Soupe aux cai-chai (feuilles de moutarde)

Ingrédients

500 g (1 lb) de feuilles de moutarde
  (cai-chai)
250 g (8 oz) de filet de porc
250 g (8 oz) de foie de porc
3 oignons verts

Assaisonnements:

2 c. à café (2 c. à thé) de sel
1 c. à café (1 c. à thé) de glutamate
  de sodium
1/2 c. à soupe (1/2 c. à table) de
  sauce soya claire
quelques gouttes d'huile de sésame
1/2 c. à soupe (1/2 c. à table) de
  whisky
1 c. à café (1 c. à thé) de tapioca
  (fécule)
1 morceau de gingembre de 2 cm
  (1 po) environ
poivre
poudre d'ail

Préparation

Laver les feuilles de moutarde et les couper (longueur d'un doigt). Émincer le filet de porc (3 mm (1/10 po) d'épaisseur et attendrir les tranches avec le dos d'un couteau. Assaisonner avec 1/2 c. à café (1/2 c. à thé) de sel, la sauce soya, 1/2 c. à café (1/2 c. à thé) de glutamate de sodium, le poivre, la poudre d'ail (très peu) et le tapioca.

Couper le foie de porc en tranches de 2 mm (1/12 po) environ. Broyer le gingembre avec le manche d'un couteau.

Trancher les oignons verts en morceaux de 4 cm (1 3/4 po) environ.

Cuisson

Amener 2,5 L (10 tasses) d'eau à ébullition, puis ajouter les feuilles de moutarde et le gingembre. Amener l'eau à ébullition une seconde fois, puis y déposer les morceaux de filet de porc un à un. À la troisième ébullition, ajouter les morceaux de foie de porc un à un. Baisser le feu à température moyenne et ajouter 1 1/2 c. à café (1 1/2 c. à thé) de sel, 1/2 c. à café (1/2 c. à thé) de glutamate de sodium et le whisky.

Présentation

Verser la soupe dans un grand bol et ajouter quelques gouttes d'huile de sésame. Décorer avec les oignons verts coupés en morceaux.

Soupe au melon d'hiver farci

Ingrédients

1 kg (2 lb) de melons d'hiver
500 g (1 lb) de jambon cuit
1 boîte de champignons parfumés
(réserver l'eau)

Assaisonnements:

2 c. à soupe (2 c. à table) de tapioca
(fécule)
1/3 c. à café (1/3 c. à thé) de sel
2 cubes de bouillon de poulet
1/3 c. à café (1/3 c. à thé) de
glutamate de sodium
1/2 c. à soupe (1/2 c. à table) de
vin de cuisine

Préparation

Éplucher les melons, puis les couper en tranches de 1 cm
(1/2 po). Faire une incision sur le côté de chaque tranche.
Couper le jambon en morceaux de la même grosseur que
les tranches de melon. Insérer un morceau de jambon dans
chaque tranche de melon. Déposer les gros morceaux de
champignons au centre d'un bol. Disposer les tranches de
melon autour.

Cuisson

Faire chauffer de l'eau et ajouter les cubes de bouillon de
poulet et l'eau des champignons. Dissoudre le tapioca dans
125 ml (1/2 tasse) d'eau. Verser dans le bouillon en remuant
constamment. Verser dans le bol contenant le melon et

cuire à la vapeur pendant 30 minutes dans le wok. Ajouter le glutamate de sodium et le sel.

Présentation

Ajouter le vin avant de servir.

Hors-d'oeuvre aux oeufs de Tonkin

Ingrédients

6 oeufs entiers
6 jaunes d'oeufs
2 oeufs de canard salés
250 g (8 oz) de crevettes
250 g (8 oz) de porc haché
1 poignée de vermicelles transparents (Fan Xi)
4 oignons verts
1 c. à soupe (1 c. à table) de champignons noirs (en forme d'oreille)
légumes marinés (facultatif)

Assaisonnements:

1/2 c. à café (1/2 c. à thé) de sel
1/2 c. à café (1/2 c. à thé) de
  glutamate de sodium
1 soupçon de poivre

Préparation

Faire tremper les champignons et les vermicelles séparément dans l'eau froide pendant 30 minutes. Hacher les
champignons et les oignons verts. Décortiquer les crevettes, les hacher et les mélanger avec les oignons verts, les
oeufs entiers et les oeufs de canard salés. Séparer les 6 jaunes d'oeufs des 6 blancs et les battre.

Graisser un moule ovale ou rond et le tapisser de papier
ciré.

Cuisson

Verser les jaunes d'oeufs dans le moule. Ajouter tous les

autres ingrédients, sauf les légumes marinés, et faire bouillir au bain-vapeur pendant 20 à 25 minutes.

Présentation

Démouler le plat sur une assiette ovale lorsqu'il est refroidi et entourer de légumes marinés, si désiré.

Hors-d'oeuvre aux trois couleurs

Ingrédients

2 concombres
6 tranches de jambon
125 g (4 oz) de poulet cuit
1 brin de persil
Sauce:
3 c. à soupe (3 c. à table) de vinaigre
2 c. à soupe (2 c. à table) de sauce
   soya
1 c. à soupe (1 c. à table) d'huile
   de sésame
1/2 c. à café (1/2 c. à thé) de poivre
   noir moulu

Préparation

Couper le bout des concombres. Couper chaque concombre en 2, enlever les graines, frotter avec du sel et laver sous l'eau froide. Couper en tronçons de 7 cm (3 po), puis faire ensuite des lamelles. Couper le jambon et le poulet en fines lamelles de la même grosseur que les concombres. Préparer la sauce avec tous les ingrédients énumérés. Disposer les concombres, le jambon et le poulet dans un plat et décorer avec le persil. Napper uniformément de sauce.

Hors-d'oeuvre aux 4 variétés

Farce pour 4 variétés
Ingrédients
1,5 kg (3 lb) de porc (haché 3 fois)
1 botte d'oignons verts

Assaisonnements:
1 c. à soupe (1 c. à table) d'huile de
    sésame
2 c. à soupe (2 c. à table) de sauce
    aux huîtres
1/2 c. à café (1/2 c. à thé) de
    glutamate de sodium
1 soupçon de poudre d'ail
1 c. à café (1 c. à thé) de sel
2 c. à soupe (2 c. à table) de tapioca
    (fécule)

Décoration:
1 aubergine chinoise ou 1 tomate
4 échalotes marinées ou 1 boîte de
    185 g (6 1/2 oz) de têtes
    d'échalotes (réserver le jus)
5 cerises

Sauce:
2 c. à soupe (2 c. à table) de sauce
    aux prunes chinoises
jus des échalotes marinées utilisées
    pour la décoration
1/2 c. à café (1/2 c. à thé) de sucre
1/3 c. à café (1/3 c. à thé) de sauce
    chili

Préparation

Hacher les oignons verts et mélanger avec le porc et tous

les assaisonnements. Remuer pendant 2 minutes. Diviser la farce en 4 parties égales.

1. Boulettes perlées au riz gluant (Pékin)

Ingrédients

1/4 de la farce
125 ml (1/2 tasse) de riz gluant*
gamelle à bain-vapeur en jonc ou
  ordinaire

Préparation

Confectionner 24 boulettes avec la farce. Laisser tremper le riz gluant dans l'eau pendant 30 minutes. Égoutter dans une passoire. Mettre 2 ou 3 boulettes dans la passoire et secouer pour que le riz les enrobe uniformément. Faire la même chose avec les autres boulettes. Déposer délicatement les boulettes dans la gamelle à bain-vapeur et placer celle-ci dans un wok rempli d'eau au tiers. Entourer la gamelle avec 2 linges propres.

Cuisson

Mettre au bain-vapeur pendant 20 minutes. Il est préférable d'amener l'eau à ébullition avant de mettre la gamelle dans le wok.

2. Pain farci xaxi (Canton)

Ingrédients

1/4 de la farce
12 tranches de pain
24 crevettes bouillies
1,5 L (6 tasses) d'huile végétale

*Riz à grains longs, riche en amidon, souvent utilisé pour les recettes de la cuisine chinoise (à ne pas confondre avec un riz mal cuit).

Préparation

Débarrasser les tranches de pain de leurs croûtes et les couper en 2. Faire griller en demi-sphères jusqu'à ce qu'elles soient mi-dorées. Extirper la partie pointue des crevettes (bout de la tête, pattes et queue). Farcir les morceaux de pain avec la viande et déposer une crevette au centre.

Cuisson

Frire les morceaux de pain farcis dans l'huile contenue dans un wok ou une friteuse. Retirer lorsqu'ils sont dorés à moitié.

3. Won-ton frits (Canton)

Ingrédients

1/4 de la farce
30 feuilles à won-ton
1,5 L (6 tasses) d'huile

Préparation

Garnir les feuilles à won-ton de farce. Bien refermer.

Cuisson

Mettre l'huile dans un wok très chaud ou une friteuse. Frire les won-ton jusqu'à ce qu'ils soient dorés.

4. Oeufs roulés farcis (Shanghai)

Ingrédients

1/4 de la farce
6 oeufs moyens
1 c. à soupe (1 c. à table) de farine
    dans 2 c. à soupe (2 c. à table)
    d'eau

1/2 c. à café (1/2 c. à thé) de sel
1 grosse carotte bouillie coupée verticalement en 4

Préparation

Mélanger la farine dans l'eau. Battre avec les oeufs et le sel et faire 4 omelettes (sans les plier). Étaler une partie de la farce sur chaque omelette, ajouter 1 morceau de carotte et rouler. Faire 3 rouleaux seulement puisque la première omelette n'est habituellement pas assez belle pour être transformée en rouleau.

Cuisson

Cuire au bain-vapeur pendant 20 minutes dans une gamelle en jonc.

Présentation pour les 4 variétés

Diviser une grande assiette en 4 parties et placer un bol décoratif contenant une aubergine chinoise ou une tomate façonnée en forme de fleur au centre. Décorer le contour du bol avec 4 échalotes marinées ou 185 g (6 1/2 oz) de têtes d'échalotes en conserve et 4 cerises. Déposer une cerise au centre de l'aubergine ou de la tomate. Placer les 4 variétés de hors-d'oeuvre sur l'assiette.

Sauce pour accompagner les hors-d'oeuvre: Lier 2 c. à soupe (2 c. à table) de sauce aux prunes et le jus des échalotes marinées à 1/2 c. à café (1/2 c. à thé) de sucre et 1/3 c. à café (1/3 c. à thé) de sauce chili.

Légumes de Shaolin

Ingrédients

6 morceaux de tofu
1 kg (2 lb) de ''chinese chard''*
2 tomates

Assaisonnements:

2 c. à soupe (2 c. à table) de sauce
   aux huîtres
1 c. à café (1 c. à thé) de sel
1/2 c. à café (1/2 c. à thé) de
   glutamate de sodium
310 ml (1 1/4 tasse) d'huile
1 c. à soupe (1 c. à table) de tapioca
   (fécule) dissous dans 125 ml
   (1/2 tasse) d'eau

Préparation

Couper chaque morceau de tofu en 3 et faire rissoler dans
250 ml (1 tasse) d'huile jusqu'à ce qu'ils soient mi-dorés.
Trancher chaque côte de "chinese chard" en 4 en prenant
soin d'enlever préalablement les feuilles. Blanchir dans
l'eau bouillante. Couper chaque tomate en 6 quartiers.

Cuisson

Faire sauter les morceaux de "chinese chard" dans 3 c. à
soupe (3 c. à table) d'huile pendant 1 minute. Ajouter le
tofu, puis incorporer la sauce aux huîtres, le glutamate de
sodium, le sel, le tapioca et 1 c. à soupe (1 c. à table) d'huile.

*Bach-choi de Shanghai qui ressemble un peu à la laitue romaine.

Présentation

Disposer les légumes et les morceaux de tofu en les faisant alterner dans une assiette ovale. Entourer de quartiers de tomate.

Légumes chinois à la sauce aux huîtres

Ingrédients

1 boîte de pousses de bambou
1 boîte d'épis de maïs miniatures
250 g (8 oz) de pois mange-tout
20 champignons parfumés
1/2 boîte de châtaignes d'eau
250 g (8 oz) de racines de lotus
500 g (1 lb) de bach-choi*
1 gros poivron rouge
1 botte d'oignons verts
2 tomates (pour la décoration)
6 gousses d'ail
250 ml (1 tasse) d'eau
1 c. à soupe (1 c. à table) de tapioca
    (fécule)
6 c. à soupe (6 c. à table) de sauce
    aux huîtres
250 ml (1 tasse) + 5 c. à soupe
    (5 c. à table) d'huile végétale

Enlever les queues des champignons avec des ciseaux et les faire tremper dans l'eau froide pendant 30 minutes. Conserver l'eau de trempage. Émincer les pousses de bambou. Couper les épis de maïs en 2 dans le sens de la longueur. Trancher obliquement les racines de lotus. Enlever les extrémités des pois mange-tout en tirant d'un coup sec. Enlever les feuilles (partie verte) de bach-choi et couper la partie blanche en grosses lamelles de 10 cm (4 po) de longueur. Couper grossièrement le poivron rouge dans le sens de la longueur. Faire des rondelles avec les châtaignes d'eau. Trancher les champignons en morceaux de 2 cm (1 po) environ. Broyer l'ail et trancher les oignons verts.

*Légume vert qui ressemble à la laitue romaine.

Cuisson

Mettre 250 ml (1 tasse) d'huile végétale dans un wok très chaud. Faire revenir tous les légumes pendant 30 secondes et les retirer.

Chauffer le wok de nouveau avec 4 c. à soupe (4 c. à table) d'huile végétale. Ajouter l'ail haché et les légumes. Incorporer la sauce aux huîtres et faire revenir pendant 1 minute. Ajouter le tapioca et 4 c. à soupe (4 c. à table) d'eau de trempage des champignons. Ajouter 1 c. à soupe (1 c. à table) d'huile végétale.

Présentation

Verser dans une assiette ovale et décorer avec des oignons verts en fleurs et des quartiers de tomate.

Champignons en sauce

Ingrédients

500 ml (2 tasses) de champignons
    chinois parfumés
500 ml (2 tasses) de champignons
    chinois dorés
500 ml (2 tasses) de champignons
    volvaires*
1 L (4 tasses) de brocolis

Sauce:

1 L (4 tasses) de bouillon de poulet
1 1/2 c. à café (1 1/2 c. à thé) de
    sel
2 c. à café (2 c. à thé) de glutamate
    de sodium
2 c. à café (2 c. à thé) d'huile
4 c. à café (4 c. à thé) de tapioca
    (fécule) dissous dans l'eau

Cuisson

Faire cuire les légumes à la vapeur pendant 2 minutes en prenant soin de préalablement enlever les tiges des champignons. Déposer dans un plat de service.

Faire bouillir les autres ingrédients dans un wok jusqu'à l'obtention d'une sauce onctueuse.

Présentation

Verser sur les légumes et servir immédiatement.

*Champignon blanchâtre à lamelles roses dont le pied est enveloppé dans une ample volve.

Champignons parfumés farcis

Ingrédients

125 g (4 oz) de champignons
  parfumés
500 g (1 lb) de viande hachée maigre
  (hachée 3 fois)
250 g (8 oz) de crevettes hachées
1 botte d'oignons verts
6 à 8 tomates cerises ou 2 tomates
  en quartiers
500 g (1 lb) de Tsoi xum (légume
  chinois vert)

Assaisonnements:

2 1/3 c. à soupe (2 1/3 c. à table)
  de tapioca (fécule)
1 c. à soupe (1 c. à table) de sauce
  soya noire
1/2 c. à café (1/2 c. à thé) de sel
poivre
3 gousses d'ail
poudre d'ail
3 1/3 c. à soupe (3 1/3 c. à table)
  de sauce aux huîtres
1 c. à café (1 c. à thé) rase de sucre
1 c. à café (1 c. à thé) rase de
  glutamate de sodium
1/2 c. à café (1/2 c. à thé) d'huile
  de sésame
4 c. à soupe (4 c. à table) d'huile de
  maïs

Préparation

La veille, faire tremper les champignons séchés. Le **lende-
main,** équeuter les champignons et conserver l'eau de

trempage pour utilisation ultérieure. Hacher 4 oignons verts. Mélanger la viande et les crevettes hachées. Mêler avec 1/2 c. à café (1/2 c. à thé) de glutamate de sodium, 1 c. à café (1 c. à thé) comble de sauce aux huîtres, 1/2 c. à café (1/2 c. à thé) de sel, 1/3 c. à café (1/3 c. à thé) de sucre, la poudre d'ail et le poivre. Ajouter 1 c. à café (1 c. à thé) comble de tapioca et mélanger.

Sauce: Dissoudre 2 c. à soupe (2 c. à table) de tapioca dans 250 ml (1 tasse) d'eau de trempage des champignons. Ajouter 2 c. à soupe (2 c. à table) de sauce aux huîtres, 1/3 c. à café (1/3 c. à thé) de glutamate de sodium, 1 c. à soupe (1 c. à table) de sauce soya noire, 1/2 c. à café (1/2 c. à thé) de sucre et 1/2 c. à café (1/2 c. à thé) d'huile de sésame. Laisser mijoter dans une petite casserole.

Légumes: Enlever les feuilles du Tsoi xum et couper les tiges en morceaux de 5 cm (2 po). Hacher les gousses d'ail.

Champignons: Farcir les champignons avec la viande en utilisant un couteau à beurre. Disposer les champignons dans un bol ovale et passer au bain-vapeur pendant 25 minutes. Faire brunir l'ail haché. Sauter les légumes dans 4 c. à soupe (4 c. à table) d'huile de maïs et 1 c. à soupe (1 c. à table) de sauce aux huîtres dans un grand wok.

Présentation

Renverser les champignons dans une assiette ovale, puis disposer les légumes et les tomates autour. Décorer le centre avec des oignons verts façonnés en forme de fleurs. Napper avec la sauce préparée et servir.

Aubergines sautées à la sichuanaise

Ingrédients

3 aubergines
1 piment fort
4 gousses d'ail
1 tranche de gingembre de 2 X 2 cm
    (0,8 X 0,8 po)
4 oignons verts
1/2 c. à café (1/2 c. à thé) de
    vinaigre
1/2 c. à soupe (1/2 c. à table) de
    tapioca (fécule)
4 c. à soupe (4 c. à table) d'huile
    végétale
750 ml (3 tasses) d'huile (pour la
    friture)

Sauce:
60 g (2 oz) de porc maigre, haché
125 ml (1/2 tasse) de bouillon de
    poulet ou 2 cubes de bouillon
    de poulet dissous dans 125 ml
    (1/2 tasse) d'eau
1 c. à soupe (1 c. à table) de vin de
    riz (vin de cuisine)
1 c. à soupe (1 c. à table) de sucre
1 c. à soupe (1 c. à table) de pâte de
    soya

Préparation

Enlever les graines du piment. Le couper en petits dés avec l'ail et le gingembre. Peler les aubergines et les couper en cubes de 1 X 1 cm (1/2 X 1/2 po). Préparer la sauce en mélangeant tous les ingrédients qui la composent.

Cuisson

Frire les aubergines dans une friteuse ou un wok contenant 750 ml (3 tasses) d'huile végétale jusqu'à ce qu'elles soient dorées. Retirer de l'huile.

Mettre 3 c. à soupe (3 c. à table) d'huile dans un wok chaud, puis ajouter l'ail, le gingembre et le piment. Mélanger avec la sauce et les aubergines. Ajouter les oignons verts et cuire pendant 5 minutes. Dissoudre le tapioca dans 2 c. à soupe (2 c. à table) d'eau froide et verser dans la cuisson. Lorsque la sauce est liée, ajouter le vinaigre et 1 c. à soupe (1 c. à table) d'huile végétale.

Beignets en spirale

Ingrédients

560 g (18 oz) de farine riche en pro-
téines
1 c. à café (1 c. à thé) de bicarbonate de soude
2 c. à café (2 c. à thé) de sel
3/4 c. à café (3/4 c. à thé) de
levure chimique (poudre à pâte)
375 ml (1 1/2 tasse) d'eau

Préparation

Tamiser la farine et le bicarbonate de soude. Faire un puits
au centre et y déposer le sel, la levure chimique (poudre à
pâte) et l'eau. Bien mélanger et travailler la pâte jusqu'à ce
qu'elle devienne molle. Pétrir avec les poings pendant
10 minutes. Couvrir avec une serviette et laisser reposer de
2 à 4 heures.

Placer la pâte sur une feuille de papier rectangulaire de
8 X 15 cm (3 X 6 po) et l'abaisser à 3 mm (1/10 po)
d'épaisseur. Couper la pâte en lanières de 2,5 X 15 cm
(1 X 6 po) et les placer l'une par-dessus l'autre. Presser les
lanières en leur centre en utilisant le dos d'un couteau pour
faire de longues bandelettes.

Déposer délicatement dans un wok contenant de l'huile
bouillante. Cuire sur feu moyen. Presser et tourner con-
tinuellement les bandelettes pour que la pâte soit vrillée.
Retirer de l'huile lorsqu'elles sont dorées et servir chaudes.

Xa-Xau Pao

Ingrédients

Pâte:

1,25 kg (2 1/2 lb) de farine à pâtisserie préparée

400 g (13 oz) de sucre blanc

50 g (1 3/4 oz) de levure chimique (poudre à pâte)

375 ml (1 1/2 tasse) d'eau

3 1/2 c. à soupe (3 1/2 c. à table) d'huile végétale

100 ml (3 1/2 oz) de lait entier

2 c. à soupe (2 c. à table) de vinaigre blanc

Farce:

1 1/2 L (6 tasses) de viande barbecue xa-xiu (xa-xau), hachée

5 à 6 oignons verts

1 c. à soupe (1 c. à table) de tapioca (fécule)

1 c. à soupe (1 c. à table) de sucre

2 c. à soupe (2 c. à table) de sauce aux huîtres

poivre

poudre d'ail

1/2 c. à café (1/2 c. à thé) de glutamate de sodium

4 c. à soupe (4 c. à table) d'huile végétale

quelques brins de persil (pour la décoration)

Préparation

Farce: Couper les oignons verts en petits dés. Mettre 4 c. à soupe (4 c. à table) d'huile végétale dans un wok très chaud, puis y déposer la viande hachée, les oignons verts, la sauce aux huîtres, le sucre et le glutamate de sodium. Saupoudrer de poivre et de poudre d'ail au goût et ajouter le tapioca.

Pâte: Mettre 1 kg (2 lb) de farine dans un grand bol à mélanger (de préférence en plastique) avec le sucre et la levure chimique (poudre à pâte). Remuer en ajoutant graduellement l'eau tout en pétrissant la pâte.

Ajouter lentement 3 1/2 c. à soupe (3 1/2 c. à table) d'huile végétale. Si la pâte est trop flasque, ajouter la farine restante (250 g/8 oz), puis verser le lait en continuant de pétrir jusqu'à ce que la pâte ne colle plus aux doigts. Laisser reposer pendant 30 minutes en la recouvrant d'un linge humide.

Faire un long cylindre avec la pâte et couper en morceaux pesant environ 125 g (4 oz) chacun. Abaisser chaque morceau à 2 mm (1/12 po) d'épaisseur avec un rouleau à pâtisserie. Déposer une feuille de pâte roulée dans le creux de vos doigts, mettre 1 c. à soupe (1 c. à table) de farce au centre et refermer en tournant la pâte avec vos doigts sur le dessus. Dessiner 50 carrés de 10 cm (4 po) sur du papier blanc. Déposer les paos sur les morceaux de papier découpés et cuire au bain-vapeur.

Cuisson

Déposer délicatement les paos dans une gamelle de bambou. Amener de l'eau à ébullition dans un wok rempli au tiers et placer la gamelle dans l'eau. Couvrir la gamelle et verser le vinaigre dans l'eau du wok. Cuire pendant

20 minutes. Mettre 2 linges tout autour de la gamelle afin que la vapeur ne s'échappe pas par le contour ajouré.

"Chung" ou gâteaux de riz aux feuilles de bambou

Donne 40 gâteaux
Ingrédients

1 paquet de feuilles de bambou
   (enlever les grandes feuilles)
2 kg (4 lb) de riz gluant*
750 g (1 1/2 lb) de poitrines de
   poulet
500 g (1 lb) de porc barbecue
750 g (1 1/2 lb) de bacon frais
6 saucisses chinoises
20 champignons parfumés
125 g (4 oz) de crevettes séchées
500 g (1 lb) de petits pois jaunes
4 c. à soupe (4 c. à table) d'huile de
   maïs

Assaisonnements pour la farce:

1 c. à café (1 c. à thé) de cinq-
   épices
3 c. à soupe (3 c. à table) de sauce
   soya claire
2 c. à soupe (2 c. à table) de sucre
1 c. à café (1 c. à thé) de glutamate
   de sodium
1 c. à café (1 c. à thé) de sel
1 soupçon de poudre d'ail
1 soupçon de poivre

Assaisonnements pour le riz gluant:

2 c. à café (2 c. à thé) de glutamate
   de sodium
2 c. à café (2 c. à thé) de sel
1 soupçon de poudre d'ail

*Riz à grains longs, riche en amidon, souvent utilisé pour les recettes de la cuisine chinoise (à ne pas confondre avec un riz mal cuit).

Préparation

Faire tremper les champignons, les crevettes séchées et les pois jaunes dans l'eau froide pendant 30 minutes. Laver le riz gluant la veille avant de le faire tremper lui aussi dans l'eau froide.

Cuire les feuilles de bambou dans l'eau bouillante pendant 30 minutes, puis rincer à l'eau froide. Enlever les extrémités de chaque feuille avec des ciseaux et laisser sécher. Couper le poulet, le porc, le bacon et les saucisses en 40 morceaux. Couper les champignons en 2. Faire sauter tous ces ingrédients dans un wok très chaud contenant 4 c. à soupe (4 c. à table) de maïs, puis ajouter les assaisonnements pour la farce. Remuer pendant 5 minutes.

Égoutter les petits pois et ajouter les assaisonnements pour le riz gluant. Faire un col avec chaque feuille de bambou et y insérer 1 c. à soupe (1 c. à table) de riz, un morceau de poulet, un morceau de saucisse, un morceau de champignon, un morceau de porc, un morceau de bacon, quelques crevettes séchées, 1/3 c. à soupe (1/3 c. à table) de pois et 1 autre cuillerée comble de riz pour recouvrir le tout. Refermer et maintenir avec une petite ficelle.

Cuisson

Cuire dans l'autocuiseur (presto). Remplir une marmite d'eau froide à moitié, y déposer les "chung" et les faire cuire sous pression pendant 30 minutes.

Note: En Chine, les "chung" sont dégustés à l'occasion de la fête de Khu Yuan, poète de la dynastie des Tang, afin de commémorer sa mort tragique. Le cinquième jour du cinquième mois de l'année lunaire coïncide avec la fête des demi-dieux et des nymphes. Autre particularité intéressante, une superstition veut que les Chinois jettent des "chung" dans les cours d'eau pour chasser les mauvais esprits.

Pain fumé aux saucisses chinoises

Ingrédients

300 g (10 oz) de farine
2 1/4 c. à café (2 1/4 c. à thé) de
  levure chimique (poudre à pâte)
1 c. à café (1 c. à thé) de saindoux
125 ml (1/2 tasse) de sucre
125 ml (1/2 tasse) d'eau chaude
quelques saucisses chinoises

Préparation

Tamiser la farine et la levure chimique (poudre à pâte). Creuser un puits au centre et y déposer le saindoux et le sucre. Verser la moitié de la quantité d'eau. Verser le restant d'eau très lentement et pétrir la pâte. Couvrir avec un linge humide et laisser reposer pendant 20 minutes.

Laver les saucisses et les couper en morceaux de 2 cm (1 po).

Rouler la pâte à 0,3 cm (1/8 po) d'épaisseur et faire un rectangle de 5 X 8 cm (2 X 3 1/2 po). Mettre les morceaux de saucisse sur la pâte et rouler vers le centre. Déposer les roulés sur un morceau de papier en veillant à ce que le côté refermé soit tourné vers le fond. Faire bouillir de l'eau dans une casserole remplie à moitié et placer ensuite le récipient dans une marmite à vapeur. Mettre les roulés dans une autre casserole par-dessus celle qui contient l'eau bouillante et laisser cuire à la vapeur de 12 à 15 minutes.

Rouleaux impériaux de Canton

Donne 25 rouleaux
Ingrédients

25 feuilles de rouleaux de printemps
1/2 chou moyen
750 g (1 1/2 lb) de porc haché
1 boîte de 170 g (6 oz) de chair de
  crabe
4 carottes en lamelles
250 g (8 oz) de pousses de bambou
  en lamelles
125 g (4 oz) de champignons noirs
1 oeuf battu
1 c. à soupe (1 c. à table) de vin de
  cuisine
1 c. à café (1 c. à thé) de sel
3/4 c. à café (3/4 c. à thé) de
  glutamate de sodium
1 c. à soupe (1 c. à table) de tapioca
  (fécule)
poudre d'ail
poivre
4 c. à soupe (4 c. à table) d'huile
  végétale pour la cuisson
1,5 L (6 tasses) d'huile pour la
  friture

Préparation

Laisser tremper les champignons dans 250 ml (1 tasse) d'eau pendant 30 minutes avant de les hacher. Couper tous les autres légumes en lamelles, sauf les oignons verts. Faire revenir la viande et les champignons dans un wok très chaud contenant 4 c. à soupe (4 c. à table) d'huile végétale.

Remuer pendant 1 minute, puis ajouter les légumes et la chair de crabe. Assaisonner avec le sel, le vin, le glutamate de sodium, le poivre et la poudre d'ail. Ajouter le tapioca et mélanger. Laisser mijoter pendant 5 minutes, puis laisser refroidir à la température de la pièce. Confectionner les rouleaux impériaux en égouttant bien la farce et en en déposant 2 c. à soupe (2 c. à table) sur chaque feuille de pâte. Sceller les rouleaux avec de l'oeuf battu en veillant à ce que l'ouverture soit tournée vers le bas afin que les rouleaux ne s'ouvrent pas.

Cuisson

Faire dorer les rouleaux dans l'huile chaude à 190°C (375°F) et les déposer sur du papier absorbant avant de servir afin de retirer le surplus d'huile.

Rouleaux impériaux (Annam)

Donne 50 rouleaux
Ingrédients

50 feuilles de riz en forme de triangle

750 g (1 1/2 lb) de porc (haché 2 fois)

1 boîte de 170 g (6 oz) de chair de crabe

1 poignée de vermicelles transparents

2 c. à soupe (2 c. à table) de champignons noirs séchés

1/2 boîte de 540 ml (19 oz) de pousses de bambou

2 carottes en julienne

1/4 de petit chou

1 oeuf

1 c. à soupe (1 c. à table) de tapioca (fécule)

2 c. à soupe (2 c. à table) de vin de cuisine dans 125 ml (1/2 tasse) d'eau

huile pour la friture

Assaisonnements:

1 c. à café (1 c. à thé) de sel

1/2 c. à café (1/2 c. à thé) de glutamate de sodium

poivre

poudre d'ail

Préparation

Laisser tremper les champignons et les vermicelles séparément dans l'eau froide pendant 30 minutes. Hacher les champignons. Couper les pousses de bambou, les carottes et le chou en lamelles. Dans un grand bol, mélanger le porc avec l'oeuf, les champignons, les vermicelles, les pousses de bambou, les carottes, le chou, le crabe, le tapioca et les assaisonnements.

Humecter les feuilles de riz avec le mélange de vin et d'eau et laisser reposer pendant quelques secondes. Verser 1 c. à café (1 c. à thé) comble de la préparation sur chaque feuille et rouler.

Cuisson

Chauffer l'huile et frire les rouleaux impériaux jusqu'à ce qu'ils soient dorés.

Rouleaux d'été (Hang-Chow)

Ingrédients

1 paquet de pâte de Saho
1 botte d'oignons verts
5 carottes
2 concombres (concombres anglais
  de préférence)
12 feuilles d'algues
6 saucisses chinoises (de foie de
  poulet de préférence)

Préparation

Façonner les oignons verts en forme de fleurs. Laisser décongeler la pâte de Saho à la température de la pièce pendant 1 heure, puis la faire bouillir au bain-vapeur de 10 à 20 minutes. Laissez refroidir. (Pour obtenir de meilleurs résultats, il est préférable d'utiliser de la pâte fraîche vendue dans certaines épiceries chinoises.)

Peler les carottes et les laisser dans l'eau bouillante jusqu'à ce qu'elles soient mi-tendres. Couper verticalement en 4. Peler les concombres et les couper comme les carottes. Laver les saucisses, les mettre au bain-vapeur de 10 à 15 minutes, puis les couper en 2 verticalement.

Étaler une feuille de pâte Saho sur une planche à découper et placer une feuille d'algue par-dessus, puis 1 bâtonnet de saucisse, 1 de carotte et 1 de concombre. Rouler fermement. Faire la même chose pour les autres rouleaux. Trancher délicatement les rouleaux en 4 ou 5 morceaux. Les superposer sur une assiette et les maintenir avec une petite ficelle.

Cuisson

Mettre les rouleaux au bain-vapeur pendant 5 minutes avant de les servir. Retirer la ficelle et napper de sauce aux prunes.

Présentation

Entourer l'assiette contenant les rouleaux avec les oignons verts en fleurs et les cerises.

Pâtés chauds

Donne 12 pâtés
Ingrédients

12 vol-au-vent congelés
1 kg (2 lb) de porc mi-maigre, haché
4 oignons verts
3 oignons jaunes moyens
1 blanc d'oeuf
1 oeuf entier
quelques brins de persil (pour la décoration)

Assaisonnements:

2 c. à café (2 c. à thé) de poivre noir en grains
2 c. à soupe (2 c. à table) de sauce aux huîtres
1/2 c. à café (1/2 c. à thé) de glutamate de sodium
1 1/2 c. à café (1 1/2 c. à thé) d'huile de sésame
1 c. à café (1 c. à thé) de vin de cuisine
1 c. à soupe (1 c. à table) de fécule de maïs
poivre
poudre d'ail

Préparation

Croûte: Préchauffer le four à 200°C (400°F). Badigeonner les vol-au-vent avec l'oeuf entier battu et mettre au four à 180°C (350°F). Faire dorer à moitié en surveillant bien la cuisson. Retirer du four lorsqu'ils sont suffisamment dorés. Soulever le dessus de la pâtisserie avec un petit couteau.

Farce: Hacher les oignons verts et couper les oignons jaunes en julienne. Mélanger le porc haché, les oignons et tous les assaisonnements dans un grand bol, et ajouter le blanc d'oeuf. Farcir les vol-au-vent avec la viande et recouvrir avec la partie supérieure de la pâte. Cuire au four à 180°C (350°F) pendant 20 à 25 minutes ou jusqu'à ce qu'ils soient d'une belle couleur dorée.

Présentation

Déposer les vol-au-vent dans 12 moules à gâteaux que l'on placera sur un plateau argenté. Décorer avec des brins de persil.

Poulet sauté aux poivrons

Ingrédients

1 poulet de 750 g (1 1/2 lb) environ
1/2 c. à café (1/2 c. à thé) de sel
1/2 c. à café (1/2 c. à thé) de glutamate de sodium
1 c. à café (1 c. à thé) de sucre
2 c. à café (2 c. à thé) de sauce soya aux champignons
3 c. à soupe (3 c. à table) de tapioca (fécule)
125 ml (1/2 tasse) d'eau
poivre
poudre d'ail
2 gros poivrons rouges
2 gros poivrons verts
2 tomates
4 c. à soupe (4 c. à table) d'huile de maïs
4 gousses d'ail
1 oignon espagnol (facultatif)
3 c. à soupe (3 c. à table) de sauce aux huîtres

Préparation

Désosser le poulet et le couper en morceaux de 3 cm (1 1/4 po). Dans un grand bol, mélanger la viande, le sel, le glutamate de sodium, le sucre, la sauce soya et le tapioca. Saupoudrer légèrement de poudre d'ail. Trancher les poivrons en lanières de 3 cm (1 1/4 po) avant de les blanchir. Couper une des tomates en 8 quartiers et façonner l'autre pour qu'elle ressemble à une fleur.

Cuisson

Mettre le wok sur feu vif. Y mélanger 3 c. à soupe (3 c. à table) d'huile de maïs, les gousses d'ail, l'oignon haché et les morceaux de poulet marinés. Sauter le tout pendant 3 minutes. Ajouter les poivrons, la sauce aux huîtres et le tapioca dissous dans l'eau. Faire revenir pendant 1 minute en remuant. Poivrer et verser l'autre c. à soupe (c. à table) d'huile de maïs.

Présentation

Déposer la tomate en fleur au milieu d'un plat de service ovale. Verser la préparation au poulet tout autour et entourer avec les quartiers de tomate.

Pilons de poulet au miel et à la sauce chili

Ingrédients

20 ailes de poulet (partie inférieure)
250 ml (1 tasse) de farine tout usage
2 c. à soupe (2 c. à table) de tapioca (fécule)
1/2 c. à café (1/2 c. à thé) de sel
poudre d'ail
poivre noir
1/2 c. à café (1/2 c. à thé) de glutamate de sodium
750 ml (3 tasses) d'huile
125 ml (1/2 tasse) d'eau
80 ml (1/3 tasse) de jus de citron
3 c. à café (3 c. à thé) de tapioca (fécule)
2 c. à café (2 c. à thé) de sauce chili
4 c. à café (4 c. à thé) de sauce soya noire
1 morceau de gingembre frais (4 cm/ 1 3/4 po environ), haché
5 c. à soupe (5 c. à table) de miel
2 oeufs
1 botte de cresson
1 botte d'oignons verts
quelques radis

Préparation et cuisson

Désosser les ailes de poulet (la partie inférieure qui est en forme de pilon). Mélanger la farine et 2 c. à soupe (2 c. à table) de tapioca. Mélanger le sel, la poudre d'ail, le poivre et le glutamate de sodium, et saupoudrer sur les ailes de poulet. Battre les oeufs. Tremper les morceaux de poulet dans les oeufs battus, puis les passer dans la farine. Frire dans l'huile pendant 5 minutes ou jusqu'à ce qu'ils deviennent dorés.

Sauce: Mélanger l'eau, le jus de citron, la sauce chili, la sauce soya et le tapioca. Chauffer le wok ou la casserole, verser 1 c. à soupe (1 c. à table) d'huile végétale et ajouter le gingembre haché. Faire revenir pendant 15 secondes. Incorporer le miel et remuer pendant 15 secondes de plus. Ajouter la sauce et amener à ébullition. Ajouter les morceaux de poulet et faire revenir pendant 2 minutes. Ajouter les oignons verts coupés en morceaux de 4 cm (1 3/4 po).

Présentation

Verser dans une assiette ovale et entourer avec le cresson et quelques radis découpés en fleurs.

Poulet parfumé à l'orange

Ingrédients

4 cuisses de poulet désossées

1 1/2 c. à soupe (1 1/2 c. à table) de sauce soya claire + 4 c. à café (4 c. à thé) pour la marinade

1 1/2 c. à café (1 1/2 c. à thé) de sucre

4 c. à café (4 c. à thé) de vinaigre

2 c. à café (2 c. à thé) de glutamate de sodium

2 c. à café (2 c. à thé) de vin blanc

2 gousses d'ail

2 c. à café (2 c. à thé) d'huile de sésame

12 petits piments forts (chili), séchés

2 c. à soupe (2 c. à table) de zeste d'orange râpé

1 c. à soupe (1 c. à table) rase de tapioca (fécule) dissous dans l'eau + 4 c. à café (4 c. à thé) pour la marinade

huile végétale (pour la friture)

Préparation

Couper les cuisses de poulet en petits cubes. Faire une marinade avec 4 c. à café (4 c. à thé) de sauce soya claire et 4 c. à café (4 c. à thé) de tapioca. Déposer le poulet dans ce mélange.

Cuisson

Faire cuire le poulet pendant 4 minutes dans de l'huile bouillante. Faire sauter les autres ingrédients dans un wok. Ajouter le poulet cuit et bien mélanger.

Présentation

Servir immédiatement dans un plat de service.

Poulet rôti à la cantonnaise

Ingrédients

1 poulet de 1,75 à 2 kg (3 1/2 à
  4 lb) environ
5 c. à soupe (5 c. à table) d'huile de
  maïs
250 g (8 oz) de viande hachée
2 saucisses chinoises
2 carottes
20 fleurs de lys*
125 g (4 oz) de petits pois
2 c. à soupe (2 c. à table) de champignons séchés
1/2 oignon espagnol
4 gousses d'ail

Assaisonnements pour le poulet:
125 ml (1/2 tasse) de sauce soya
  noire
1 c. à soupe (1 c. à table) de sucre
1 c. à café (1 c. à thé) de sel
1/2 c. à café (1/2 c. à thé) de
  glutamate de sodium
1 c. à soupe (1 c. à table) de vin de
  cuisine
poudre d'ail
poivre

Assaisonnements pour farcir le poulet:
1/2 c. à café (1/2 c. à thé) de sel
1/2 c. à café (1/2 c. à thé) de
  glutamate de sodium
poivre
poudre d'ail

*Légume jaune séché et légèrement sucré.

Préparation

Laisser tremper les champignons dans l'eau froide pendant 30 minutes. Faire la même chose avec les fleurs de lys en utilisant un autre bol. Faire un noeud sur chaque fleur. Assaisonner le poulet avec tous les ingrédients énumérés sous *Assaisonnements pour le poulet.* Trancher les saucisses et couper l'oignon et les carottes en petits dés. Égoutter les champignons et les fleurs de lys. Hacher l'ail.

Cuisson

Verser 4 c. à soupe (4 c. à table) d'huile de maïs dans un wok et faire revenir l'ail. Ajouter les saucisses, l'oignon, les carottes, les champignons, les fleurs de lys, la viande hachée et les petits pois. Ajouter le glutamate de sodium, le sel, le poivre et la poudre d'ail. Farcir le poulet avec cette préparation et bien refermer la cavité en utilisant du fil et une aiguille.

Chauffer le four à 200°C (400°F) pendant 10 minutes et baisser ensuite la température à 180°C (350°F). Graisser une cocotte avec 1 c. à soupe (1 c. à table) d'huile de maïs et y déposer le poulet. Faire cuire pendant 40 minutes ou jusqu'à ce que le poulet soit doré. La poitrine du poulet doit être tournée vers le haut. Arroser de sauce et retourner de l'autre côté, c'est-à-dire poitrine tournée vers le fond de la cocotte. Cuire à 200°C (400°F) pendant 15 minutes.

Présentation

Déposer le poulet dans une assiette ovale. Enlever le fil et vider la moitié de la farce contenue dans la cavité pour la déposer à côté de la volaille. Décorer le contour de l'assiette avec des quartiers de tomates et de la laitue.

Poulet à la cocotte

(Un extrait du célèbre plat "Feu céleste" ou "Poulet aux deux styles")

Ingrédients

1 poulet de 1 à 1,5 kg (2 à 3 lb)
3 oignons
1 botte d'oignons verts
10 champignons parfumés frais ou
   1 boîte de champignons parfumés

Assaisonnements:
4 gousses d'ail hachées
poivre
1 morceau de gingembre de 4 cm
   (1 3/4 po) environ
1/2 c. à café (1/2 c. à thé) de
   glutamate de sodium
1/2 c. à café (1/2 c. à thé) de sel
1 c. à café (1 c. à thé) de sucre
3 c. à soupe (3 c. à table) de sauce
   soya noire
1 c. à soupe (1 c. à table) de whisky
   ou de cognac*
3 c. à soupe (3 c. à table) d'huile de
   sésame

Préparation

Faire tremper les champignons dans l'eau froide la veille. Désosser le poulet et le couper en morceaux de 3 cm (1 1/4 po) environ. Couper les oignons en petits quartiers. Écraser le morceau de gingembre et le couper dans le sens

*Ajouter 2 autres c. à soupe (c. à table) si vous désirez flamber le poulet.

de la longueur. Couper les oignons verts en morceaux de 10 cm (4 po) environ.

Cuisson

Chauffer la cocotte à feu maximum, puis ajouter 3 c. à soupe (3 c. à table) d'huile de sésame, le gingembre, les oignons verts et l'ail haché. Déposer les oignons et les champignons et faire rissoler pendant 3 minutes. Ajouter les morceaux de poulet, la sauce soya, le sucre, le sel et le glutamate de sodium. Arroser de whisky ou de cognac et poivrer. Couvrir et laisser mijoter pendant 15 minutes. Retourner les morceaux de poulet de temps à autre pendant la cuisson.

Préparation

Placer la cocotte dans une assiette ronde recouverte de papier d'aluminium. Tremper des morceaux de coton ouaté dans un combustible et les placer autour de l'assiette. Allumer. Au moment d'ouvrir le couvercle, on peut flamber ce mets avec 2 c. à soupe (2 c. à table) de whisky ou de cognac, si désiré.

Poulet au gingembre

Ingrédients

1,5 à 2 kg (3 à 4 lb) de volaille
(poulet ou, mieux encore, coq ou
chapon)
250 g (8 oz) de gingembre frais
1 tige de citronnelle
1 botte d'oignons verts
1 citron
1 botte de cresson (pour la décoration)
cerises (pour la décoration)
quartiers de citron (pour la décoration)
750 ml (3 tasses) d'huile végétale

Assaisonnements:

1 c. à soupe (1 c. à table) de sel
1 c. à café (1 c. à thé) de sucre
1 c. à café (1 c. à thé) de glutamate
de sodium
2 c. à soupe (2 c. à table) de vin de
cuisine
2 c. à soupe (2 c. à table) de sauce
soya noire
1 c. à soupe (1 c. à table) de tapioca
(fécule)
1 c. à soupe (1 c. à table) de jus de
poisson (saumure de poisson)
poudre d'ail
poivre noir
3 c. à soupe (3 c. à table) combles
d'huile de sésame

Préparation

Hacher ou pilonner la tige de citronnelle et un morceau de gingembre de 4 cm (1 3/4 po). Couper la volaille en morceaux de 5 à 8 cm (2 à 3 1/2 po). Couper le citron en quartiers et émincer le reste du gingembre. Trancher les oignons verts en morceaux de 5 à 8 cm (2 à 3 1/2 po).

Laisser mariner les morceaux de volaille pendant 20 minutes dans une préparation faite avec le gingembre et la citronnelle hachés, le glutamate de sodium, le sucre, le sel, le vin, la sauce soya, le poivre, la poudre d'ail et le tapioca.

Faire chauffer un wok sur feu très élevé, verser l'huile végétale et frire les morceaux de poulet pendant 5 minutes.

Cuisson

Mettre l'huile de sésame dans un wok très chaud, ajouter les tranches de gingembre et les oignons verts et les retourner jusqu'à ce qu'ils soient dorés. Ajouter les morceaux de volaille et remuer pendant 3 minutes. Ajouter le jus de poisson (saumure).

Présentation

Étaler le cresson dans une assiette ovale et déposer les morceaux de volaille par-dessus. Entourer avec des quartiers de citron et des cerises. On peut arroser la volaille de jus de citron, si désiré.

Poulet aux noix de cajou
ou aux arachides

Ingrédients

1 kg (2 lb) de poitrines de poulet
2 poivrons rouges moyens
2 poivrons verts moyens
4 tiges de céleri
250 ml (1 tasse) de pousses de bambou
125 g (4 oz) de têtes de moutarde marinées
125 g (4 oz) de noix de cajou ou d'arachides
1 botte d'oignons verts
2 oignons
4 gousses d'ail
6 à 8 c. à soupe (6 à 8 c. à table) d'huile de maïs
1 c. à café (1 c. à thé) de tapioca (fécule)

Assaisonnements:

3 c. à soupe (3 c. à table) de sauce aux huîtres
1 c. à café (1 c. à thé) de glutamate de sodium
1/2 c. à café (1/2 c. à thé) de sucre
1 c. à café (1 c. à thé) de sel

Préparation

Couper tous les ingrédients en petits dés et hacher l'ail.

Cuisson

Première opération: Mettre 4 c. à soupe (4 c. à table) d'huile de maïs dans un wok très chaud, ajouter l'ail, l'oignon et le poulet. Faire revenir pendant 3 minutes.

Deuxième opération: Rincer le wok et ajouter 4 c. à soupe (4 c. à table) d'huile. Ajouter tous les légumes et faire revenir pendant 2 minutes.

Troisième opération: Incorporer la première préparation à la seconde, remuer pendant 1 minute et ajouter tous les assaisonnements. Parsemer de tapioca et arroser avec 2 à 4 c. à soupe (2 à 4 c. à table) d'huile de maïs. Ajouter les noix de cajou ou les arachides.

Présentation

Verser dans une assiette ovale et décorer le centre du plat avec un panais ou un autre légume façonné en forme de rose. On peut entourer l'assiette d'oignons verts en fleur.

Poulet épicé

Ingrédients

1 poulet frais et tendre (de préférence un chapon) de 1 à 1,5 kg (2 à 3 lb)

3 1/2 c. à café (3 1/2 c. à thé) de sel

1 oignon vert (partie blanche)

1 morceau de gingembre de 2 X 2 cm (1 X 1 po)

1 c. à soupe (1 c. à table) de vin de riz

1 blanc d'oeuf

1 c. à soupe (1 c. à table) de tapioca (fécule)

10 croustilles aux crevettes

2 feuilles de laitue

2 c. à café (2 c. à thé) de poivre rouge

1,5 L (6 tasses) d'huile

Préparation et cuisson

Laver le poulet, le frotter avec 1 1/2 c. à café (1 1/2 c. à thé) de sel et le laisser reposer pendant 2 heures. Mélanger l'oignon vert et le gingembre hachés avec le vin de riz et remplir la cavité du poulet avec ce mélange 20 minutes avant la cuisson. Cuire le poulet à moitié à la vapeur. Laisser refroidir. Mélanger le blanc d'oeuf avec le tapioca et recouvrir le poulet avec cette préparation. Frire dans l'huile en le submergeant jusqu'à ce qu'il soit bien cuit (20 minutes environ). Ne pas oublier que l'huile doit recouvrir entièrement le poulet.

Présentation

Couper le poulet en morceaux et les disposer sur un plat décoré de laitue et de croustilles de crevettes. Pour frire les croustilles, il suffit de les plonger dans l'huile bouillante jusqu'à ce qu'elles deviennent aussi grosses qu'un biscuit.

Servir le poulet en l'assaisonnant d'abord avec 2 c. à café (2 c. à thé) de poivre rouge mélangées à 2 c. à café (2 c. à thé) de sel.

Poulet frit en papillotes

Ingrédients

750 g (1 1/2 lb) de poitrine de poulet

2 c. à soupe (2 c. à table) de viande barbecue hachée

2 c. à café (2 c. à thé) d'huile de sésame

1 c. à café (1 c. à thé) de vin de riz

1/2 c. à café (1/2 c. à thé) de sel

1/2 c. à café (1/2 c. à thé) de glutamate de sodium

poivre noir

1 poivron rouge

1 poivron vert

papier à friture (pour envelopper le poulet)

huile végétale (pour la friture)

Préparation

Laver le poulet et le couper en tranches de 6 cm X 2 mm (2 1/2 X 1/10 po). Mélanger la viande barbecue, l'huile de sésame, le vin de riz, le sel, le glutamate de sodium et le poivre dans un grand bol. Couper les poivrons en julienne.

Découper un morceau de papier à friture en carrés de 10 cm (4 po). Sur chaque carré, déposer un morceau de poulet, 1 c. à café (1 c. à thé) de viande barbecue, 3 lamelles de poivron vert, 1 lamelle de poivron rouge et bien envelopper le tout.

Cuisson

Frire dans l'huile chaude pendant 2 minutes environ. Retirer de l'huile.

Présentation

Disposer les sachets dans une assiette et servir.

Foies de poulet à la sauce soya

Ingrédients

500 g (1 lb) de foies de poulet
1 oignon vert
1 morceau de gingembre de 2 X
   2 cm (1 X 1 po)
2 feuilles de laitue

Assaisonnements:

4 c. à soupe (4 c. à table) de sauce
   soya claire
1 c. à soupe (1 c. à table) de sucre
1 c. à soupe (1 c. à table) de vin de
   riz
1/2 c. à café (1/2 c. à thé) de
   glutamate de sodium
100 ml (3 1/2 oz) d'eau

Préparation

Laver les foies de poulet et les couper en morceaux. Laisser tremper dans l'eau froide pour les débarrasser de leur sang. Ébouillanter pendant 5 minutes.

Hacher le gingembre et l'oignon vert. Préparer la marinade en mélangeant tous les assaisonnements et laisser mariner les foies de poulet pendant 15 minutes.

Cuisson

Faire cuire à feu vif, puis à feu moyen, jusqu'à ce que la sauce soit caramélisée.

Présentation

Retirer les morceaux de foie et les disposer sur les feuilles de laitue dans une assiette ovale. Servir avec une sauce piquante et du riz à la vapeur.

Porc à l'étuvée de Shanghai

Ingrédients

750 g (1 1/2 lb) de fesse de porc
1 morceau de gingembre de 2 X
   2 cm (1 X 1 po)
2 oignons verts (partie blanche)
3 c. à soupe (3 c. à table) d'huile
4 c. à soupe (4 c. à table) de sauce
   soya
2 c. à soupe (2 c. à table) de sucre
2 c. à soupe (2 c. à table) de vin de
   riz
1 c. à soupe (1 c. à table) de tapioca
   (fécule)
1 botte de cresson
2 tomates rouges moyennes

Préparation

Dépecer la viande en tranches de 1 cm (1/2 po) d'épaisseur environ. Attendrir avec un petit maillet sur une planche à découper.

Couper les morceaux de gingembre et les oignons verts en petits dés. Dans un plat creux, préparer une sauce avec la sauce soya, le sucre et le vin de riz. Mélanger avec le gingembre et les oignons. Laisser mariner la viande pendant quelques minutes dans cette préparation.

Cuisson

Passer les tranches de viande dans le tapioca. Verser 3 c. à soupe (3 c. à table) d'huile dans la poêle. Cuire à feu vif en retournant les tranches de temps à autre. Dès qu'elles sont dorées, baisser le feu à température moyenne et cuire pendant 15 minutes de plus environ, jusqu'à ce que la viande soit parfaitement cuite.

Présentation

Laver le cresson et l'étaler dans une assiette ovale blanche. Couper les tomates en quartiers et les disposer tout autour. Verser la préparation au centre et servir.

Poulet au citron

Ingrédients

1 à 1,5 kg (2 à 3 lb) de poitrines de
poulet en morceaux
2 citrons
2 tomates
2 cornichons marinés

Assaisonnements à marinade:

7 c. à soupe (7 c. à table) de tapioca
(fécule) (1 pour la marinade et 6
pour la friture)
1 c. à soupe (1 c. à table) de sel
1 c. à soupe (1 c. à table) de
glutamate de sodium
1 soupçon de poivre
1 soupçon de poudre d'ail
2 jaunes d'oeufs

Sauce au citron:

1 c. à café (1 c. à thé) de sauce chili
(facultatif)
1 c. à soupe (1 c. à table) comble de
pâte de tomate
1 c. à soupe (1 c. à table) comble de
vinaigre blanc
1 c. à soupe (1 c. à table) comble de
sucre
1/2 c. à café (1/2 c. à thé) de sel
1/4 c. à café (1/4 c. à thé) de
glutamate de sodium
1 c. à café (1 c. à thé) de tapioca
(fécule)
8 c. à soupe (8 c. à table) d'eau
2 L (8 tasses) d'huile (pour la
friture)
1 c. à soupe (1 c. à table) d'huile
pour la sauce

Préparation

Sauce au citron: Couper les citrons en fines rondelles. Mélanger avec tous les ingrédients qui composent la sauce au citron, sauf l'huile.

Pour mariner la viande: Mélanger tous les assaisonnements à marinade, sauf les 6 cuillerées de tapioca qui serviront ultérieurement. Couper les tomates en tranches de 3 mm (1/10 po) environ. Faire des tranches ovales de la même épaisseur que les tomates avec les cornichons.

Cuisson

Déposer les 6 cuillerées restantes de tapioca dans un grand bol. Enrober généreusement chaque morceau de poulet et les frire dans l'huile de maïs jusqu'à ce qu'ils deviennent dorés.

Porter la sauce au citron à ébullition et ajouter 1 c. à soupe (1 c. à table) d'huile.

Présentation

Disposer les morceaux de poulet dans un grand plat ovale. Napper avec la sauce au citron chaude. Entourer de tranches de tomate et de cornichons.

Canard à la sauce pékinoise

Ingrédients

1/2 canard rôti*
1 concombre (pour la décoration)
1 boîte de 540 ml (19 oz) d'ananas
   tranchés
9 cerises
1 botte d'oignons verts

Assaisonnements pour la sauce pékinoise:

2 c. à soupe (2 c. à table) combles
   de sauce aux prunes
1 c. à soupe (1 c. à table) de sauce
   soya piquante
1 c. à soupe (1 c. à table) d'huile de
   piment
1 c. à café (1 c. à thé) de pâte de
   tomate
1 c. à soupe (1 c. à table) de
   vinaigre blanc
1 c. à soupe (1 c. à table) de sucre
1 c. à soupe (1 c. à table) de tapioca
   (fécule) dissous dans 2 c. à soupe
   (2 c. à table) d'eau
sirop d'ananas: contenu de la boîte

Préparation

Faire bouillir le canard pendant 20 minutes dans un bain-vapeur. Désosser le canard.

Sauce pékinoise: Mélanger tous les assaisonnements qui composent la sauce. Couper 4 tranches d'ananas en demi-

*On peut se procurer le canard rôti dans les épiceries chinoises. Ce canard, dont la peau est rouge, est souvent suspendu dans les vitrines des rôtisseries et des épiceries du quartier chinois.

lunes. Trancher les autres en dés. Façonner les morceaux de concombre en forme d'éventail ou de fleur. Couper les oignons verts en fines lamelles.

Cuisson

Porter la sauce à ébullition et ajouter les dés d'ananas. Mettre la moitié du canard dans cette sauce et faire mijoter pendant 5 minutes.

Présentation

Déposer le canard sur une assiette ovale et arroser de sauce. Entourer avec les demi-lunes d'ananas au centre desquelles on déposera une cerise. Placer des morceaux de concombre décoratifs entre les demi-lunes. Recouvrir d'oignons verts et mettre une cerise au milieu du canard.

Note: Utilisez la même quantité de sauce si vous préparez un canard entier. Ce plat se sert, de préférence, accompagné de petits pains réchauffés à la vapeur.

Canard doré et argenté

Ingrédients

1/2 canard rôti*
170 g (6 oz) de jambon cuit
tomate et cresson (facultatif)

Sauce:

1/2 c. à soupe (1/2 c. à table) de
  vin de riz
3 c. à soupe (3 c. à table) de
  bouillon de poulet (3 cubes de
  bouillon dans 3 c. à soupe (3 c. à
  table) d'eau bouillante
1 c. à café (1 c. à thé) de sel
1/2 c. à café (1/2 c. à thé) de
  glutamate de sodium
14 g (1/2 oz) de gélatine neutre

Préparation

Désosser le canard et le couper en tranches de
5 X 2,5 X 0,6 cm (2 X 1 X 1/4 po). Faire la même chose avec
le jambon cuit.

Dans un bol, faire alterner les tranches de canard et de jambon en veillant à ce que la peau soit tournée vers le fond.
Préparer la sauce et verser par-dessus.

Cuisson

Faire cuire à la vapeur pendant 5 minutes. Laisser refroidir
à la température et mettre au réfrigérateur pour que la gelée
prenne bien.

*On peut se procurer le canard rôti dans les épiceries chinoises. Ce canard, dont
la peau est rouge, est souvent suspendu dans les vitrines des rôtisseries et des
épiceries du quartier chinois.

Présentation

Déposer dans un plat de service. Décorer avec des tranches de tomate et des brindilles de cresson, si désiré.

Cailles au gingembre

Ingrédients

6 cailles
250 g (8 oz) de gingembre frais
1 tige de citronnelle
1 botte d'oignons verts
1 citron
1 botte de cresson
3 c. à soupe (3 c. à table) combles
    d'huile de sésame
750 ml (3 tasses) d'huile végétale
cerises (facultatif)

Assaisonnements:

1 c. à café (1 c. à thé) de sel
1 c. à café (1 c. à thé) de sucre
1 c. à café (1 c. à thé) de glutamate
    de sodium
2 c. à soupe (2 c. à table) de vin de
    cuisine
2 c. à soupe (2 c. à table) de sauce
    soya noire
1 c. à soupe (1 c. à table) de tapioca
    (fécule)
1 c. à soupe (1 c. à table) de jus de
    poisson (saumure de poisson)
poudre d'ail
poivre noir

Préparation

Hacher ou pilonner la tige de citronnelle et un morceau de gingembre de 4 cm (1 3/4 po) environ. Couper les cailles en morceaux de 5 à 8 cm (2 à 3 1/2 po). Hacher finement le reste du gingembre. Trancher les oignons verts en morceaux de 5 à 8 cm (2 à 3 1/2 po) environ. Mélanger le gingembre et la citronnelle hachés, le glutamate de sodium, le sucre, le sel, le vin de cuisine et la sauce soya. Saupoudrer de poudre d'ail et de poivre, puis ajouter le tapioca. Laisser reposer pendant 20 minutes.

Verser 750 ml (3 tasses) d'huile végétale bouillante dans un wok, déposer les morceaux de caille pendant 3 minutes et retirer.

Cuisson

Mettre 3 c. à soupe (3 c. à table) combles d'huile de sésame dans un wok très chaud et y déposer les tranches de gingembre et les oignons verts. Remuer jusqu'à ce qu'ils deviennent dorés. Ajouter les morceaux de caille et remuer pendant 3 minutes. Arroser avec la saumure de poisson.

Présentation

Disposer le cresson dans une assiette ovale et déposer les morceaux de caille par-dessus. Entourer de quartiers de citron et de cerises si désiré. Avant de servir, on peut arroser avec le jus d'un citron.

Boeuf aux brocolis

Ingrédients

750 ml (3 tasses) de boeuf en fines
  tranches
500 g (1 lb) de brocolis

Marinade:

1 c. à soupe (1 c. à table) rase de
  sauce soya
1 c. à café (1 c. à thé) rase de
  tapioca (fécule)
2 c. à café (2 c. à thé) d'eau
2 oeufs battus
1 1/2 c. à soupe (1 1/2 c. table) de
  farine
250 ml (1 tasse) de bouillon de
  poulet
2 c. à soupe (2 c. à table) de sauce
  aux huîtres
2 c. à café (2 c. à thé) de sucre
2 c. à café (2 c. à thé) de glutamate
  de sodium
2 c. à café (2 c. à thé) d'huile de
  sésame
1 c. à soupe (1 c. à table) rase de
  tapioca (fécule) dissous dans
  l'eau

Cuisson

Faire mariner les tranches de boeuf pendant 30 minutes
dans la marinade. Retirer les lamelles de viande pour les
faire sauter dans un wok. Verser la marinade et laisser cuire
jusqu'à ébullition.

Présentation

Disposer dans un plat de service sur un lit de brocolis.

Boeuf de Sichuan

Ingrédients

650 g (1 1/4 lb) de boeuf (partie la
plus tendre)
6 tranches de gingembre de 2 mm
(1/12 po) d'épaisseur
1/2 carotte
3 tiges de céleri
4 oignons verts

Assaisonnements:

1 c. à soupe (1 c. à table) comble de
pâte de soya piquante
1/4 c. à café (1/4 c. à thé) de sel
1/2 c. à café (1/2 c. à thé) de
glutamate de sodium
1 c. à soupe (1 c. à table) de sucre
1/2 c. à café (1/2 c. à thé) de sauce
soya claire
1 c. à café (1 c. à thé) de vinaigre
blanc
1 c. à soupe (1 c. à table) d'huile de
sésame
1 c. à soupe (1 c. à table) de Hua
Trao (poivre rouge de Sichuan)
500 ml (2 tasses) + 3 c. à soupe
(3 c. à table) d'huile

Préparation

Couper la viande en fines lamelles et frire dans 500 ml
(2 tasses) d'huile pendant 10 minutes. Couper la carotte et
le céleri en lamelles de 10 cm (4 po). Façonner les oignons
verts en forme de fleurs.

Cuisson

Mettre 3 c. à soupe (3 c. à table) combles d'huile dans un wok et, quand il est très chaud, ajouter les lamelles de gingembre et de carotte. Cuire à moitié. Ajouter le céleri. Incorporer la pâte de soya, la viande, le sel, le glutamate de sodium, le sucre et la sauce soya. Avant la fin de la cuisson, ajouter le vinaigre, l'huile de sésame et le Hua Trao.

Présentation

Verser dans un plat ovale et entourer avec 4 oignons verts façonnés en forme de fleurs.

Ragoût de boeuf et nouilles de Pékin

Ingrédients

1,5 kg (3 lb) de jarret de boeuf sans
   os
1 botte d'oignons verts
1 kg (2 lb) de nouilles blanches de
   Pékin*
5 c. à soupe (5 c. à table) d'huile
   végétale
1 oignon espagnol
1 botte de menthe fraîche

Assaisonnements:

4 à 6 morceaux d'anis étoilé
   (badiane)
1 c. à café (1 c. à thé) de poivre
   rouge ou de Cayenne
10 piments forts séchés ou 1 c. à
   café (1 c. à thé) de piment fort en
   poudre
poudre d'ail
sel
1 c. à café (1 c. à thé) de sucre
125 ml (1/2 tasse) de sauce soya
   noire
2 c. à café (2 c. à thé) de glutamate
   de sodium

Préparation

Trancher le boeuf en morceaux de 4 X 3 cm
(1 3/4 X 1 1/4 po). Couper l'oignon en quartiers, puis hacher
les oignons verts. Enlever les tiges des feuilles de menthe.
Amener de l'eau à ébullition et y faire cuire les nouilles

*On peut remplacer les nouilles blanches par des spaghetti.

(même méthode que pour les spaghetti). Rincer à l'eau froide et mélanger avec 1 c. à soupe (1 c. à table) d'huile végétale.

Cuisson

Utiliser une marmite à pression (presto) d'une capacité de 8 litres (9 pintes) environ. La chauffer et y verser 4 c. à soupe (4 c. à table) d'huile végétale. Ajouter l'oignon espagnol, la viande, la sauce soya, puis tous les assaisonnements. Ajouter 500 ml (2 tasses) d'eau ou la remplir aux deux tiers. Le temps de cuisson sera de 20 à 25 minutes. Saler au goût.

Présentation

Déposer un peu de nouilles dans chaque bol et recouvrir légèrement de soupe. Remettre dans la marmite et répéter la même opération pour bien réchauffer les nouilles. Mettre 2 ou 3 morceaux de viande, les oignons verts et les feuilles de menthe.

Brochettes de boeuf au "Sha Cha Jiang"

Ingrédients

500 g (1 lb) de boeuf (steak tendre)
1 gros poivron rouge
1 gros poivron vert
1 oignon espagnol
1 c. à café (1 c. à thé) de bicarbonate de soude
3 c. à soupe (3 c. à table) de ''Sha
  Cha Jiang''
1 paquet de brochettes en bois
1 botte de persil chinois (coriandre)
  (pour la décoration)
1 citron (pour la décoration)

Assaisonnements:

1 c. à soupe (1 c. à table) de vin de
  cuisine
2 c. à soupe (2 c. à table) de sauce
  soya claire
1 c. à café (1 c. à thé) de sel
1/2 c. à café (1/2 c. à thé) de
  glutamate de sodium
2 c. à café (2 c. à thé) de sucre
1 c. à soupe (1 c. à table) d'huile de
  sésame

LÉGENDES DES PHOTOS

Xa-Xau Pao, 48

"Chung" ou gâteaux de riz aux feuilles de bambou, 51

Rouleaux impériaux de Canton, 54

Rouleaux d'été (Hang-Chow), 58

Préparation

Couper le boeuf en gros cubes et laisser mariner pendant 15 à 20 minutes dans le bicarbonate de soude. Couper les oignons et les poivrons en gros morceaux de la même dimension que les cubes de boeuf. Mélanger tous les assaisonnements et laisser mariner la viande dans cette préparation pendant 15 à 20 minutes. Enfiler les morceaux de boeuf, de poivron et d'oignon sur les brochettes en alternant. Badigeonner de "Sha Cha Jiang".

Cuisson

Préchauffer le four à température élevée avant d'y faire cuire les brochettes pendant 20 minutes.

Présentation

Disposer les brochettes sur une assiette ovale et mettre du persil chinois (coriandre) entre celles-ci. Entourer de morceaux de citron.

Boeuf sauté aux poivrons et aux oignons

Ingrédients

500 g (1 lb) de steak dans le flanc
125 g (4 oz) de poivrons
250 g (8 oz) d'oignons
5 c. à soupe (5 c. à table) d'huile
   végétale
1 c. à café (1 c. à thé) de sel
poivre noir

Assaisonnements:

1/4 c. à café (1/4 c. à thé) de
   bicarbonate de soude
1 c. à café (1 c. à thé) de sauce soya
   claire
1 c. à café (1 c. à thé) de sucre
2 c. à café (2 c. à thé) de vin de riz
   (vin de cuisine)
1 1/2 c. à café (1 1/2 c. à thé)
   d'huile végétale
1 c. à café (1 c. à thé) de tapioca
   (fécule)

Préparation

Couper la viande, les poivrons et les oignons en fines lamelles. Recouvrir le steak de bicarbonate de soude et
laisser reposer pendant 20 minutes. Mélanger tous les assaisonnements et laisser mariner la viande dans cette
préparation pendant 30 minutes.

Faire chauffer 2 c. à soupe (2 c. à table) d'huile végétale
dans une cocotte. Ajouter le sel, le poivre et les oignons,
puis faire sauter pendant quelques minutes. Ajouter les
poivrons et sauter pendant 2 minutes de plus. Verser sur
une assiette.

Faire chauffer 3 c. à soupe (3 c. à table) d'huile dans un wok ou une cocotte. Déposer la viande et sauter pendant 10 minutes environ ou jusqu'à ce qu'elle soit dorée. Ajouter les poivrons et les oignons et remuer jusqu'à cuisson complète des ingrédients.

Présentation

Verser sur une assiette oblongue et décorer au goût. Servir avec du riz parfumé cuit à la vapeur.

Boeuf au saté servi sur riz

(Un extrait du plat "L'île enchantée"
de l'art culinaire Jean Chen)

Ingrédients

1 kg (2 lb) de steak (partie la plus
  tendre)
2 gros poivrons verts
2 tomates
1 carotte
1 oignon espagnol moyen
1,5 kg (3 lb) de riz cuit

Assaisonnements:

3/4 c. à café (3/4 c. à thé) de
  bicarbonate de soude
ail
poivre
1/2 c. à café (1/2 c. à thé) de
  glutamate de sodium
1/2 c. à café (1/2 c. à thé) de sel
1 c. à café (1 c. à thé) de sucre
1 c. à café (1 c. à thé) de pâte de
  tomate
1 c. à soupe (1 c. à table) comble de
  tapioca (fécule)
1 cube de 3 X 3 cm (1 1/4 X
  1 1/4 po) de crème de coco en
  conserve ou surgelée, non sucrée
1/2 c. à soupe (1/2 c. à table) de
  sauce saté*
5 c. à soupe (5 c. à table) combles
  d'huile
185 ml (6 oz) d'eau

*Sauce à base de cari de Sichuan.

Préparation

Émincer finement le steak en morceaux de 4 X 3 cm (1 3/4 X 1 1/4 po) en utilisant un couteau bien affilé. Attendrir la viande avec le dos du couteau. Mélanger avec le bicarbonate de soude et laisser reposer pendant 30 minutes. Ajouter l'ail, le poivre, le sel, le glutamate de sodium et le tapioca. Couper l'oignon en 12 morceaux. Couper les tomates en 6. Trancher 1 poivron en 12 et l'autre en zig-zag pour imiter les feuilles d'un palmier. Utiliser la carotte pour faire un tronc d'arbre.

Cuisson

Chauffer le wok à température élevée et mettre 4 c. à soupe (4 c. à table) combles d'huile. Ajouter les oignons et sauter pendant 1 minute. Ajouter les poivrons et remuer pendant 30 secondes, puis incorporer la viande en mélangeant bien le tout.

Assaisonner avec la sauce saté, la pâte de tomate, le sucre, la crème de coco et l'eau. Remuer pendant 1 minute et arroser avec 1 c. à soupe (1 c. à table) d'huile.

Présentation

Déposer le riz cuit sur une grande assiette. Recouvrir avec le boeuf au saté. Décorer le contour de l'assiette avec les quartiers de tomate et planter le palmier que vous avez fait avec les légumes au bord de l'assiette.

Boeuf au zeste d'orange

Ingrédients

750 g (1 1/2 lb) de boeuf (dans le
    flanc)
6 morceaux de zeste d'orange séché
2 tiges de céleri
1 oignon vert façonné en fleur
1 poivron rouge
2 c. à soupe (2 c. à table) de pâte à
    tempura
1 c. à café (1 c. à thé) de bicarbonate
    de soude
1 morceau de gingembre de 3 à 4 cm
    (1 1/4 à 1 3/4 po)
8 c. à soupe (8 c. à table) d'huile
    végétale

Sauce:

1/2 c. à café (1/2 c. à thé) de sel
2 c. à soupe (2 c. à table) de sauce
    aux huîtres
2 c. à soupe (2 c. à table) de vinaigre
    noir*
2 c. à soupe (2 c. à table) de sucre
1/2 c. à café (1/2 c. à thé) d'huile
    de sésame
1 c. à café (1 c. à thé) de tabasco ou
    de piment fort
2 c. à soupe (2 c. à table) de sauce
    soya noire
poudre d'ail

*Le vinaigre noir est fabriqué avec du riz gluant noir. On peut le remplacer par du vinaigre de vin.

Préparation

Couper le boeuf en tranches, l'attendrir et le laisser mariner 30 minutes avec le bicarbonate de soude. Laisser tremper le zeste d'orange pendant 30 minutes dans l'eau froide. Trancher le poivron et le céleri, et couper le zeste en julienne. Préparer la sauce. Enrober le boeuf de pâte à tempura et frire dans l'huile chaude, morceau par morceau, pendant 30 secondes.

Cuisson

Faire revenir le gingembre et le zeste d'orange dans l'huile chaude. Ajouter le boeuf, puis la sauce faite avec tous les assaisonnements énumérés. Incorporer les légumes et assaisonner avec 2 c. à soupe (2 c. à table) d'huile végétale.

Présentation

Surprenez vos invités en laissant aller votre imagination pour faire de ce mets un plat original! Décorer avec l'oignon vert en fleur.

Flanc d'agneau à la cocotte

Ingrédients

650 g (1 1/4 lb) de flanc d'agneau

2 morceaux d'anis étoilé (badiane)

1 c. à soupe (1 c. à table) de Hua Trao (poivre rouge de Sichuan)

5 oignons verts pour la cuisson et 4 façonnés en fleurs pour la décoration

1 morceau de gingembre frais de 5 cm (2 po) environ

1 c. à soupe (1 c. à table) de sherry ou de whisky (ou autre vin de cuisine)

1 c. à café (1 c. à thé) d'huile de piment

1 c. à café (1 c. à thé) de sel

1 c. à café (1 c. à thé) de sucre

1 c. à café (1 c. à thé) de glutamate de sodium

3 c. à café (3 c. à thé) de sauce aux huîtres

1 c. à soupe (1 c. à table) de tapioca (fécule)

1 c. à soupe (1 c. à table) d'huile de sésame

1 gros poivron rouge

1 gros poivron vert

Préparation

Laver le flanc d'agneau et le couper en morceaux de 6 cm (2 1/2 po) environ. Couper les poivrons en quartiers de 2 cm (1 po) de large. Couper les oignons verts en morceaux de 5 cm (2 po) et le gingembre en menus morceaux.

Cuisson

Mettre l'huile de sésame dans une cocotte chaude. Ajouter le gingembre, les oignons verts et les morceaux d'agneau. Remuer pendant 1 minute. Incorporer l'anis étoilé (badiane), le poivre brun, l'huile de piment, le sel, le sucre, le glutamate de sodium, la sauce aux huîtres et le vin. Remuer pendant 1 minute. Couvrir et laisser mijoter sur feu moyen pendant 20 minutes ou jusqu'à ce que la viande soit suffisamment tendre (au goût). Ajouter les poivrons et mélanger. Saupoudrer de tapioca et remuer pendant 30 secondes.

Présentation

Placer les morceaux de viande entre les quartiers de poivron. Décorer avec les 4 oignons verts en fleur et servir chaud.

Porc aigre-doux

Ingrédients

750 g (1 1/2 lb) de porc dans la
fesse

1 oeuf battu

3/4 c. à café (3/4 c. à thé) de sel

1/4 c. à café (1/4 c. à thé) de
glutamate de sodium

1 c. à soupe (1 c. à table) de sauce
soya claire

5 c. à soupe (5 c. à table) de tapioca
(fécule)

8 cerises

1 boîte de 540 ml (19 oz) d'ananas
en tranches

1 tomate

2 tranches d'oignon

2 gousses d'ail

2 branches de céleri

6 c. à soupe (6 c. à table) de
vinaigre blanc

6 c. à soupe (6 c. à table) de sucre

1 c. à soupe (1 c. à table) de sauce
Worcestershire

1 c. à soupe (1 c. à table) de sauce
tomate

750 ml (3 tasses) d'huile pour la
friture

6 c. à soupe (6 c. à table) d'eau

2 c. à soupe (2 c. à table) d'huile
végétale

Préparation

Couper le porc en gros cubes de 2 cm (1 po) environ. Faire
mariner avec l'oeuf battu, 1/4 c. à café (1/4 c. à thé) de sel,

le glutamate de sodium, la sauce soya et 4 c. à soupe (4 c. à table) de tapioca. Enrober ensuite généreusement chaque morceau de tapioca avant de frire dans l'huile pendant 6 minutes. Couper les ananas en quartiers, trancher les oignons, couper la tomate en cubes, hacher l'ail et émincer le céleri.

Sauce aigre-douce: Dans un bol, mélanger l'oignon et l'ail. Incorporer le vinaigre, le sucre, l'eau, 1/2 c. à café (1/2 c. à thé) de sel, la sauce Worcestershire, la pâte de tomate et 1 c. à soupe (1 c. à table) de tapioca dissous dans 125 ml (1/2 tasse) d'eau.

Cuisson

Amener la sauce à ébullition, ajouter les tomates, les ananas et les morceaux de viande. Remuer pendant 2 minutes et ajouter 2 c. à soupe (2 c. à table) d'huile végétale.

Présentation

Déposer dans une assiette ovale et entourer de cerises et de morceaux d'ananas façonnés en forme de papillons.

Pain de porc à la vapeur

Ingrédients

500 g (1 lb) de porc haché
2 saucisses de porc chinoise
1 boîte de 140 g (4 1/2 oz) de
  châtaignes d'eau
3 ou 4 champignons parfumés
3 oignons verts
1 c. à café (1 c. à thé) de glutamate
  de sodium
1 c. à soupe (1 c. à table) de tapioca
  (fécule)
1/2 c. à café (1/2 c. à thé) de sel
1 c. à soupe (1 c. à table) de sauce
  soya claire

Préparation

Faire tremper les champignons pendant 30 minutes dans
l'eau froide et les hacher finement avec les oignons verts et
les châtaignes. Mélanger tous les ingrédients dans un bol,
sauf les saucisses que l'on coupera en biseaux et que l'on
disposera sur le pain de viande.

Cuisson

Remplir un wok d'eau au tiers et amener à ébullition.
Déposer le bol contenant la préparation sur une grille
placée dans le wok et couvrir. Cuire 10 minutes à feu vif et
10 minutes à feu moyen.

Note: On peut, si on le désire, hacher les saucisses et les mélanger avec les autres ingrédients plutôt que de les utiliser comme décoration.

Filet de porc rôti au miel (porc barbecue)

Ingrédients

350 g (12 oz) de filet de porc
60 ml (1/4 tasse) de sauce soya
  claire
2 c. à soupe (2 c. à table) de vin
  rouge sec
1 c. à soupe (1 c. à table) de
  cassonade
1 c. à soupe (1 c. à table) de miel
2 c. à café (2 c. à thé) de poudre de
  cerise ou de colorant rouge
1/2 c. à café (1/2 c. à thé) de cinq-
  épices
1 gousse d'ail
1 oignon vert en dés
1 concombre en rondelles

Préparation

Laver la viande. Mélanger la sauce soya, le vin, la cassonade, le miel, le colorant (ou la poudre de cerise), les cinq-épices, l'ail et l'oignon vert dans un grand bol. Laisser mariner la viande dans cette sauce pendant 1 heure à la température de la pièce ou pendant toute une nuit au réfrigérateur en la retournant de temps à autre. Retirer la viande de la marinade et égoutter.

Cuisson

Cuire la viande au four à 180°C (350°F) pendant 45 minutes en la tournant fréquemment durant la cuisson.

Présentation

Découper la viande en tranches diagonales. Déposer dans une assiette de service et entourer de rondelles de concombre.

Côtes levées Jing Du

Ingrédients

1 kg (2 lb) de côtes de porc levées
1 boîte de 540 ml (19 oz) d'ananas
6 cerises environ
1 c. à soupe (1 c. à table) de graines
 de sésame grillées
1 botte de cresson
3 c. à soupe (3 c. à table) combles
 de tapioca (fécule)
1,5 L (6 tasses) d'huile (pour la
 friture)

Assaisonnements pour la viande:

1 c. à soupe (1 c. à table) de sauce
 soya claire
1/2 c. à café (1/2 c. à thé) de sel
1/2 c. à soupe (1/2 c. à table) de
 sucre
1/2 c. à soupe (1/2 c. à table) de
 vin de cuisine
1/2 c. à soupe (1/2 c. à table) de
 poudre d'ail

Assaisonnements pour la sauce:

1/2 c. à café (1/2 c. à thé) de sel
1 c. à soupe (1 c. à table) de
 vinaigre noir*
1 c. à soupe (1 c. à table) de pâte de
 tomate
1 c. à soupe (1 c. à table) de sucre

*Le vinaigre noir est fabriqué avec du riz gluant noir. On peut le remplacer par du
vinaigre de vin.

1/2 c. à café (1/2 c. à thé) d'huile
  de sésame
1/2 c. à café (1/2 c. à thé) d'huile
  de piment (facultatif)
3 c. à soupe (3 c. à table) d'eau

Préparation et cuisson

Couper les côtes levées en morceaux de 5 cm (2 po) environ. Mélanger avec les assaisonnements pour la viande. Laisser mariner pendant 15 à 20 minutes. Enrober la viande égouttée avec le tapioca et mettre dans l'huile chaude, sur feu moyen, pendant 6 minutes. Élever la température et frire pendant 3 minutes environ.

Faire la sauce en mélangeant tous les ingrédients énumérés. Faire chauffer et verser sur la viande. Bien les retourner jusqu'à ce qu'elles soient bien enrobées et collantes.

Présentation

Garnir le contour de l'assiette avec des demi-tranches d'ananas en forme de vagues (‿⌒), puis enjoliver le tout en plaçant une cerise dans chaque creux (‿⌒).

Recouvrir le fond de l'assiette de cresson bien lavé et déposer délicatement les côtes par-dessus. Parsemer de graines de sésame grillées.

Côtes de porc levées à la sauce à l'ananas

Ingrédients

450 g (1 lb) de côtes de porc (coupées en morceaux de 2,5 cm (1 po) par votre boucher)
1 boîte de farine à tempura
1 boîte de 185 g (6 1/2 oz) de têtes d'échalotes
1 boîte de 540 ml (19 oz) d'ananas en tranches
2 grosses tomates
1 botte de cresson
2 piments forts (facultatif)
1,5 L (6 tasses) d'huile
4 tomates cerises ou 4 cerises ou 4 gros dés de tomate

Assaisonnements:

1/3 c. à café (1/3 c. à thé) de sel
2 c. à soupe (2 c. à table) de sucre
2 c. à soupe (2 c. à table) de vinaigre blanc
1 c. à soupe (1 c. à table) comble de sauce aux huîtres
poivre
poudre d'ail
1 c. à soupe (1 c. à table) de tapioca (fécule)
1/3 c. à café (1/3 c. à thé) de glutamate de sodium

Préparation

Mélanger le glutamate de sodium, le sel, la poudre d'ail et le poivre et enrober la viande avec cette préparation. Laisser mariner pendant 10 minutes. Utiliser la farine à tempura en suivant les directives sur la boîte.

Sauce: Dissoudre le tapioca dans 500 ml (2 tasses) d'eau. Couper les tranches d'ananas en gros dés et réserver 3 ou 4 tranches pour la décoration. Mettre les ananas, les têtes d'échalotes, les piments forts hachés et le jus contenu dans les 2 boîtes de conserve dans une casserole. Amener à ébullition. Ajouter le sucre et le vinaigre. Remuer constamment la sauce. Baisser le feu. Incorporer la sauce aux huîtres et 1/2 tomate coupée en petits morceaux. Ajouter le tapioca dissous. Laisser refroidir la sauce avant de servir, de préférence au réfrigérateur.

Cuisson

Enrober les côtes avec la pâte. Prendre un morceau de viande à la fois en utilisant des baguettes et le plonger dans l'huile bouillante. Il est préférable de les frire une première fois la veille, de ranger la viande au congélateur et de la frire une seconde fois au moment du repas.

Présentation

Couper les tomates. Laver le cresson et bien l'assécher avant de le placer autour de l'assiette. Verser les aliments frits au centre. Napper généreusement de sauce froide ou glacée. Disposer les tranches de tomates aux 4 points cardinaux de l'assiette. Mettre les tranches d'ananas sur le côté et déposer une tomate cerise, une cerise entière ou un gros dé de tomate au milieu de chaque rondelle.

Côtes de porc et oeufs marinés à la sauce soya claire

Ingrédients

1 kg (2 lb) de côtes de porc
6 oeufs
1 concombre
1 botte d'oignons verts
3 cerises

Assaisonnements:

3 morceaux d'anis étoilé (badiane)
250 g (8 oz) de sucre
250 ml (1 tasse) d'eau
poudre d'ail
poivre de Cayenne (facultatif)
250 ml (1 tasse) de sauce soya
    claire

Préparation

Faire bouillir les oeufs jusqu'à ce qu'ils soient durs. Passer à l'eau froide et éplucher. Laver et sécher les côtes. Couper le concombre en rondelles de 2 mm (1/12 po) environ. Façonner 3 oignons verts en forme de fleurs. Dans une casserole remplie d'eau, faire bouillir la viande pendant 20 minutes.

Cuisson

Dans une casserole ou un wok, amener à ébullition le sucre dissous dans la sauce soya. Ajouter 3 ou 4 oignons verts, l'anis étoilé (badiane), la viande et les oeufs durs. Cuire pendant 15 minutes. Retourner de temps à autre. Assaisonner de poudre d'ail et de poivre de Cayenne. Ajouter 250 ml

(1 tasse) d'eau, si nécessaire. Remuer. Retirer la viande et les oeufs quand la sauce devient caramélisée.

Présentation

Étaler la viande dans une assiette. Couper les oeufs en rondelles et faire chevaucher sur les rondelles de concombre en alternant. Enjoliver en plaçant les oignons verts en fleurs au centre. Déposer délicatement 1 cerise sur chaque fleur.

Porc Sichuan

Ingrédients

500 g (1 lb) de filet de porc
2 cornichons ou 1 petit concombre
2 piments forts ou 1 poivron rouge
+ 1/2 c. à café (1/2 c. à thé) de
sauce chili
1 botte d'oignons verts
1 morceau de gingembre de 3 cm
(1 1/4 po) environ
3 cerises (pour la décoration)

Assaisonnements:

1 1/2 c. à soupe (1 1/2 c. à table)
de sauce soya claire
1 c. à café (1 c. à thé) de tapioca
(fécule)
1 c. à café (1 c. à thé) de sel
1 c. à café (1 c. à thé) de glutamate
de sodium
1 c. à café (1 c. à thé) de sucre
1/3 c. à soupe (1/3 c. à table) de
vinaigre blanc
1/2 c. à soupe (1/2 c. à table) de
pâte de soya piquante
2 c. à soupe (2 c. à table) combles
d'huile de sésame
750 ml (3 tasses) d'huile
2 c. à soupe (2 c. à table) d'eau

Préparation

Émincer le porc en tranches de 2 cm (1 po) d'épaisseur environ. Faire des incisions de chaque côté des tranches et

les couper en gros dés. Laisser mariner dans une préparation faite avec 1/2 c. à soupe (1/2 c. à table) de sauce soya claire et 1 c. à café (1 c. à thé) de tapioca. Couper les cornichons en morceaux de 2 cm (1 po). Mélanger avec la viande et faire sauter pendant 30 secondes dans l'huile bouillante. Couper les piments ou le poivron en gros polygones.

Sauce: Mélanger les assaisonnements suivants dans un petit bol: 1 c. à café (1 c. à thé) de glutamate de sodium, le sel, le sucre, le vinaigre, 1 c. à soupe (1 c. à table) comble de sauce soya claire, l'eau et 1 c. à soupe (1 c. à table) d'huile de sésame.

Cuisson

Sauter les morceaux de gingembre, d'oignons verts et de piments dans 1 c. à soupe (1 c. à table) comble d'huile. Ajouter la pâte de soya, la sauce chili, la viande, les cornichons et faire sauter à feu vif. Verser la sauce et 1 c. à soupe (1 c. à table) d'huile de sésame.

Présentation

Verser dans une assiette ronde de préférence. Mettre des oignons verts façonnés en forme de fleurs et décorer chacune de celles-ci avec 1/2 cerise.

Porc rôti au miel sur riz

Ingrédients

300 g (10 oz) de filet de porc
1 L (4 tasses) de riz cuit
2 c. à café (2 c. à thé) d'assaisonnements à viande barbecue
2 c. à café (2 c. à thé) de pâte Hoi
Sin
1 c. à café (1 c. à thé) de pâte de
sésame ou de beurre d'arachide
1 c. à café (1 c. à thé) de vin de rose
ou de sherry
1 botte d'oignons verts, tranchés
125 ml (1/2 tasse) de sucre
80 ml (1/3 tasse) de sauce soya
3 c. à café (3 c. à thé) de miel
huile de sésame

Préparation et cuisson

Laver le filet de porc, enlever le gras et couper en 2 lanières.
Faire des incisions en forme de X sur le dessus en utilisant
un couteau. Mélanger tous les assaisonnements et laisser
mariner la viande pendant 50 minutes. Réserver la marinade
pour usage ultérieur (sauce).

Préchauffer le four à 200°C (400°F). Faire griller la viande
pendant 15 minutes. Badigeonner de miel. Cuire pendant
10 minutes de plus. Retirer la viande et la laisser refroidir
avant de la couper. Diviser le riz en 3 portions individuelles.
Mettre des tranches de porc par-dessus et recouvrir de
sauce chaude (préparée avec la marinade). Ajouter de la
sauce soya, si désiré.

Porc croustillant

Ingrédients

1,25 kg (2 1/2 lb) de flanc de porc
2 c. à café (2 c. à thé) de sel épicé

Farce:

250 ml (1 tasse) de vinaigre de riz
2 c. à café (2 c. à thé) de miel
colorant rouge

Préparation

Amener 2 à 2,5 L (8 à 9 tasses) d'eau à ébullition. Faire mijoter le porc pendant 4 minutes et le retirer. Chauffer le vinaigre de riz, le miel et le colorant dans la même eau et verser sur la viande. Ficeler le porc avec 2 cordelettes pour qu'il fasse saillie. Frotter toute la surface du flanc de porc avec le sel épicé. Suspendre la viande pendant plusieurs heures pour qu'elle sèche. Piquer délicatement la peau avant de mettre la viande au four.

Cuisson

Faire griller le porc dans un four préchauffé à 230°C (450°F) jusqu'à ce que des bulles se forment sur la peau. Baisser la température à 180°C (350°F) et cuire jusqu'à ce que la peau soit sèche et croustillante et que la viande soit complètement cuite. Il faut prévoir 40 minutes de cuisson en tout.

Triangles au cari de Singapour

Donne 40 triangles

Ingrédients

500 g (1 lb) de porc (haché 2 fois)
3 oignons
60 g (2 oz) de poudre de cari
2 paquets de 500 g (1 lb) de
   pâte feuilletée, non cuite
2 oeufs
un peu de farine
4 c. à soupe (4 c. à table) d'huile
40 petits moules de papier

Assaisonnements:
1/2 c. à café (1/2 à thé) de
   glutamate de sodium
1 c. à café (1 c. à thé) de sel
1 c. à café (1 c. à thé) de sucre
1 c. à soupe (1 c. à table) de
   tapioca (fécule)
poudre d'ail (très peu)
poivre de Cayenne (facultatif)
crème de coco en conserve ou
   surgelée, non sucrée (facultatif)

Préparation

Farce: Verser l'huile dans un wok très chaud. Hacher les oignons et les faire revenir dans l'huile avec la viande pendant 2 minutes. Saupoudrer de cari, puis ajouter le glutamate de sodium, le sel, le sucre et un soupçon de poudre d'ail. Si désiré, ajouter du poivre de Cayenne et de la crème de coco. Ajouter le tapioca. Laisser mijoter pendant 5 minutes environ.

Triangles au cari: Faire décongeler la pâte 1 heure avant utilisation en suivant les directives sur la boîte. Mettre un peu de farine sur une table ou une planche à découper. Rouler la pâte en lui donnant l'épaisseur voulue. Avec un coupe-pâte, faire 40 rondelles de 6 cm (2 1/2 po) de diamètre. Déposer 1 c. à café (1 c. à thé) de farce sur chacune et replier en forme de demi-lunes. Bien refermer les triangles en pinçant la pâte tout autour. Battre les oeufs et badigeonner les triangles avant de les mettre au four.

Cuisson

Chauffer le four à 200°C (400°F), puis baisser la température à 180°C (350°F). Cuire les triangles pendant 20 minutes environ ou jusqu'à ce qu'ils soient dorés.

Présentation

Déposer les triangles dans les petits moules de papier et les mettre sur un plateau argenté.

Rognons sautés

Ingrédients

4 rognons de porc
250 ml (1 tasse) de pousses de bambou coupées en diagonale
250 ml (1 tasse) de carottes coupées en diagonale
250 ml (1 tasse) de pois mange-tout
250 ml (1 tasse) de champignons noirs tranchés en biseaux
60 ml (1/4 tasse) d'huile (pour sauter les rognons)
1 pincée de sel
2 c. à café (2 c. à thé) de sucre
2 c. à café (2 c. à thé) de vinaigre
2 c. à café (2 c. à thé) de vin blanc
2 c. à café (2 c. à thé) d'huile de sésame
2 gousses d'ail
2 c. à café (2 c. à thé) de glutamate de sodium
1 pincée de poivre
4 c. à café (4 c. à thé) de tapioca (fécule) dissous dans l'eau

Préparation

Faire tremper les rognons dans de l'eau salée très froide. Retirer la membrane et couper les parties fibreuses. Blanchir jusqu'à ce qu'ils soient cuits à moitié afin qu'ils perdent leur sang et deviennent croustillants et tendres pendant la cuisson. Trancher les rognons.

Cuisson

Faire sauter les rognons et les légumes dans l'huile dans un wok. Dans un autre bol, mélanger tous les autres ingrédients avant de les incorporer aux rognons. Faire sauter pendant quelques secondes et déposer dans un plat de service.

Porc ou poulet Mu-Shu

Ingrédients

1 kg (2 lb) de poitrines de poulet
250 ml (1 tasse) de pousses de bambou en julienne
250 ml (1 tasse) de champignons parfumés en julienne ou de champignons des bois ''Fungus''
500 g (1 lb) de fèves germées
250 ml (1 tasse) de laitue chinoise ou de nappa en julienne (facultatif)
25 feuilles à pâtés impériaux (environ 350 g/12 oz)
1 botte d'oignons verts

Assaisonnements:

2 c. à soupe (2 c. à table) de tapioca (fécule)
2 c. à soupe (2 c. à table) de sauce soya noire
2 c. à café (2 c. à thé) de glutamate de sodium
sel, poivre et poudre d'ail (au goût)
4 c. à soupe (4 c. à table) d'huile végétale

Préparation

Désosser les poitrines de poulet et les couper en julienne. Détacher les feuilles à pâtés impériaux les unes des autres avant de les couper chacune en 4 et de les réchauffer au bain-vapeur.

Cuisson

Verser l'huile végétale dans un wok très chaud, ajouter la viande et la faire revenir pendant 1 minute. Ajouter tous les autres ingrédients, sauf les oignons verts, et saupoudrer de tapioca. On peut donner un aspect plus luisant à la préparation en ajoutant 1 c. à soupe (1 c. à table) d'huile végétale si on le désire.

Présentation

Verser le poulet Mu-Shu dans une grande assiette ovale et entourer de feuilles à pâtés impériaux coupées en 4 et d'oignons verts façonnés en forme de fleurs.

Sauce hoi-tsin

Ingrédients

1 c. à soupe (1 c. à table) comble de
    sauce hoi-tsin
1 c. à soupe (1 c. à table) comble de
    sucre blanc
1 c. à soupe (1 c. à table) de
    vinaigre blanc
2 c. à soupe (2 c. à table) d'eau
1/3 c. à café (1/3 c. à thé) de sauce
    chili

Note: On peut remplacer les poitrines de poulet par la même quantité de porc.

Préparation

Mélanger tous les ingrédients. On peut, si on le désire, ajouter 1 c. à soupe (1 c. à table) d'arachides broyées dans la sauce.

Présentation

C'est un art que de déguster le poulet Mu-Shu. On doit d'abord déposer 1/4 de feuille à pâtés impériaux dans son assiette et étendre un peu de sauce hoi-tsin par-dessus. On ajoute ensuite un brin d'oignon vert et 1 c. à soupe (1 c. à table) de poulet, puis on roule pour former une crêpe.

Côtes de porc levées de Sichuan

Ingrédients

1 kg (2 lb) de côtes de porc de 4 cm
  (1 3/4 po) d'épaisseur
1 poivron vert
1 poivron rouge
1 concombre

Assaisonnements:

1/4 de paquet de tamarins*
125 ml (1/2 tasse) de sauce soya
  claire
160 ml (2/3 tasse) de sucre
poudre d'ail
1 c. à soupe (1 c. à table) d'huile de
  piment

Préparation

Déposer les côtes de porc dans de l'eau bouillante et les laisser reposer pendant 5 minutes. Égoutter et faire sécher dans une passoire. Pendant ce temps, mettre les tamarins dans 250 ml (1 tasse) d'eau bouillante. Couper les poivrons en gros morceaux. Façonner les morceaux de concombre en forme de fleurs.

Cuisson

Faire bouillir la sauce soya dans une casserole et ajouter le sucre. Mélanger. Déposer les côtes de porc dans cette préparation et les retourner de temps à autre jusqu'à ce qu'elles soient dorées. Saupoudrer généreusement de

*Le tamarin est un fruit qui se présente sous la forme d'une gousse brune contenant une pulpe sucrée et acidulée.

poudre d'ail. Recommencer la même opération. Ajouter l'eau de tamarin et laisser mijoter pendant 10 minutes. Verser l'huile de piment.

Présentation

Placer les morceaux de viande entre les morceaux de poivron dans une assiette de service. Décorer avec les concombres transformés en fleurs.

Riz frit Yang-Chu

Ingrédients

750 ml à 1 L (3 à 4 tasses) de riz
   cru
125 ml (1/2 tasse) de petits pois
250 g (8 oz) de viande barbecue
3 ou 4 oeufs
250 g (8 oz) de crevettes (facultatif)
4 oignons verts
1 c. à café (1 c. à thé) de sel
3/4 c. à café (3/4 c. à thé) de
   glutamate de sodium
1 c. à soupe (1 c. à table) de vin de
   cuisine
3 gousses d'ail
poivre
sauce soya noire (facultatif)
4 c. à soupe (4 c. à table) +
   4 c. à café (4 c. à thé) d'huile de
   maïs

Préparation

Faire cuire le riz la veille dans un autocuiseur conçu pour le riz en suivant les indications données sur la note explicative ou mettre de l'eau jusqu'à ce qu'elle recouvre légèrement la surface du riz (2 cm/1 po environ). On peut aussi faire cuire le riz le jour même en prenant toutefois soin de le laisser refroidir. Couper la viande en petits dés. Battre les oeufs. Hacher l'ail et les oignons verts, sauf 1 que l'on découpera en forme de fleur.

Cuisson

Faire 4 omelettes avec 4 c. à café (4 c. à thé) d'huile de maïs. Dans un wok très chaud contenant 4 c. à soupe (4 c. à table) d'huile de maïs, faire sauter la viande, les crevettes et l'ail. Verser le riz dans le wok. Remuer en amalgamant bien le tout jusqu'à ce que les petits grains de riz sautillent dans le fond du wok. Pour ce faire, mettre d'abord le feu au maximum et le baisser à température moyenne par la suite. Ajouter les omelettes, les oignons verts et les pois. Remuer bien. Ajouter le sel, le glutamate de sodium, le poivre et le vin. Si on le désire, on peut ajouter de la sauce soya noire pour brunir le riz.

Présentation

Décorer le dessus avec l'oignon vert en fleur.

Riz gluant de Canton

Ingrédients

1 kg (2 lb) de riz gluant*
200 ml (7 oz) de riz ordinaire
6 saucisses chinoises
125 ml (1/2 tasse) de crevettes
    séchées
250 g (8 oz) de viande hachée
1 botte d'oignons verts
8 à 10 feuilles de bambou
1 c. à café (1 c. à thé) de sel

Assaisonnements:

1 c. à café (1 c. à thé) de sauce soya
    claire
1 c. à café (1 c. à thé) de glutamate
    de sodium
sel
1 c. à soupe (1 c. à table) d'huile
    (pour le riz)
1 c. à soupe (1 c. à table) d'huile
    (pour sauter la viande)
250 ml (1 tasse) d'eau

Préparation

La veille:

Mélanger le riz gluant et le riz ordinaire et les laver 1 fois. Laisser tremper jusqu'au moment de la cuisson. Laisser tremper les crevettes séchées dans l'eau. Cuire les feuilles de bambou dans une casserole pendant 5 minutes. Rincer à l'eau froide. Extraire les extrémités des feuilles avec des

---

*Riz à grains longs, riche en amidon, souvent utilisé pour les recettes de la cuisine chinoise (à ne pas confondre avec un riz mal cuit).

ciseaux. Laisser tremper les feuilles dans l'eau froide jusqu'au moment de servir.

Le jour même:

Hacher les oignons verts. Laver les saucisses à l'eau froide. Sauter la viande hachée dans une casserole avec 1 c. à soupe (1 c. à table) d'huile et 1 c. à café (1 c. à thé) de sel.

Cuisson

Disposer les feuilles de bambou dans une gamelle à bain-vapeur et déposer celle-ci dans un wok contenant de l'eau bouillante. Egoutter le riz avant de l'étendre sur les feuilles de bambou. Parsemer de crevettes séchées et recouvrir avec les saucisses. Couvrir et faire bouillir au bain-marie à une température maximum pendant 20 minutes, baisser le feu à température moyenne, et laisser chauffer pendant 15 minutes de plus. Retirer les saucisses, puis mélanger le riz, les crevettes et la viande avec vos doigts. Ajouter la sauce soya, le glutamate de sodium et le sel, et mélanger avec une paire de baguettes. Ajouter 250 ml (1 tasse) d'eau dans le wok. Remettre le couvercle et cuire pendant environ 15 minutes. Couper les saucisses en languettes de 5 mm (1/5 po) d'épaisseur. Disposer sur le riz et ajouter 1 c. à soupe (1 c. à table) d'huile. Parsemer d'oignons verts hachés et recouvrir pendant environ 2 minutes.

Présentation

Mettre la gamelle dans une grande assiette ronde ou un plateau rond. Présenter tel quel à vos invités. Retirer le couvercle afin que ceux-ci puissent humer le subtil parfum de ce mets délicieux.

Vermicelles de Singapour

Ingrédients

1/2 oignon espagnol moyen
1 poivron rouge moyen
1 poivron vert
250 g (8 oz) de filet de porc
1 sachet de cari de Singapour
1 paquet de vermicelles de riz
350 g (12 oz) de fèves germées
1 boîte de 540 ml (19 oz) de pousses de bambou
1 c. à café (1 c. à thé) de glutamate de sodium
3 c. à soupe (3 c. à table) de sauce aux huîtres
1 c. à soupe (1 c. à table) de sauce soya noire
1 c. à café (1 c. à thé) de sel
5 c. à soupe (5 c. à table) d'huile végétale
oignons verts façonnés en fleurs (pour la décoration)

Préparation

Couper la viande et les légumes en julienne. Faire tremper les vermicelles dans l'eau froide pendant 30 minutes.

Cuisson

Chauffer le wok à feu élevé et y mettre 1 c. à soupe (1 c. à table) d'huile. Ajouter les oignons, la viande, les poivrons et les pousses de bambou. Mettre 1/3 du sachet de cari, le glutamate de sodium et le sel. Remuer et faire sauter pendant 5 minutes. Verser dans une assiette, rincer le wok et le remettre sur le feu. Ajouter 4 c. à soupe (4 c. à table) d'huile, puis les fèves germées et les vermicelles bien égouttés. Cuire pendant 1 minute. Incorporer 1/3 du sachet de cari et cuire pendant 1 minute de plus. Ajouter la sauce soya et la sauce aux huîtres, remuer, puis ajouter la moitié de la viande.

Présentation

Verser dans un plat ovale et recouvrir avec le restant de viande. Entourer de quelques oignons verts transformés en fleurs décoratives.

Vermicelles Saho

Ingrédients

1 kg (2 lb) de vermicelles Saho
500 g (1 lb) de boeuf (steak de coupe française)
1 gros oignon
2 gros poivrons verts
2 gros poivrons rouges
1 botte d'oignons verts
1/2 c. à soupe (1/2 c. à table) de sauce soya noire
3 c. à café (3 c. à thé) de sauce aux huîtres
9 c. à soupe (9 c. à table) d'huile de maïs
4 gousses d'ail
poudre d'ail
sel
poivre
1 c. à café (1 c. à thé) de glutamate de sodium
1/2 c. à café (1/2 c. à thé) de sucre
1/2 c. à café (1/2 c. à thé) de bicarbonate de soude
1 c. à café (1 c. à thé) comble de tapioca (fécule) + 1/2 c. à soupe (1/2 c. à table)
sauce aux piments (comme accompagnement)

Préparation

Décongeler les vermicelles. (On peut aussi utiliser des vermicelles frais que l'on trouve dans certaines épiceries chinoises.) Couper la viande en lamelles et l'attendrir.

Assaisonner la viande avec le bicarbonate de soude, le tapioca, 1/2 c. à café (1/2 c. à thé) de glutamate de sodium, 1 c. à café (1 c. à thé) comble de sauce aux huîtres, le poivre et la poudre d'ail. Couper grossièrement les légumes et les blanchir, sauf les oignons verts. Hacher l'ail.

Cuisson

Chauffer le wok à feu élevé et y verser 4 c. à soupe (4 c. à table) d'huile de maïs. Ajouter les légumes et faire sauter pendant 3 minutes en ajoutant de la poudre d'ail au goût, 1/2 c. à café (1/2 c. à thé) de glutamate de sodium, la viande marinée, 2 c. à café (2 c. à thé) de sauce aux huîtres, la sauce soya, le sucre, 125 ml (1/2 tasse) d'eau, 1/2 c. à soupe (1/2 c. à table) de tapioca et 1 c. à soupe (1 c. à table) d'huile de maïs.

Vermicelles Saho: Mettre l'ail haché dans un wok très chaud et ajouter 4 c. à soupe (4 c. à table) d'huile de maïs. Déposer les vermicelles et faire sauter délicatement en utilisant une paire de baguettes.

Présentation

Déposer les vermicelles dans un grand plat ovale. Verser la sauce aux piments et les légumes par-dessus. Décorer avec des oignons verts en forme de fleur. Agrémenter le tout en posant un poivron en fleur au milieu de la sauce aux piments.

Nouilles sautées à la cantonnaise

Ingrédients
Légumes:
125 ml (1/2 tasse) de pois mange-
  tout
500 g (1 lb) de bach-choi*
2 poivrons rouges
1 botte d'oignons verts
1 tomate

Viande:
250 g (8 oz) de viande barbecue
1 paquet de boulettes de poisson
250 g (8 oz) de grosses crevettes

Assaisonnements:
poudre d'ail
4 gousses d'ail
poivre
1/3 c. à café (1/3 c. à thé) de
  glutamate de sodium
4 c. à soupe (4 c. à table) combles
  de sauce aux huîtres
sauce soya noire
1 c. à soupe (1 c. à table) comble de
  tapioca (fécule)
huile de maïs
125 ml (1/2 tasse) d'eau

Nouilles:
1 paquet de 6 à 8 morceaux

*Légume vert qui ressemble à la laitue romaine.

Préparation

Nouilles: Amener de l'eau à ébullition. Déposer les nouilles dans la casserole et les soulever plusieurs fois pendant la cuisson avec de longues baguettes. Rincer à l'eau froide. Mélanger les nouilles avec 1 c. à soupe (1 c. à table) d'huile de maïs.

Sauce et viande: Trancher le bach-choi. N'utiliser que la partie blanche. Couper les poivrons en petits quartiers. Préparer les pois mange-tout. Trancher finement la viande. Préparer les crevettes en faisant une incision sur le dos. Trancher les boulettes de poisson en 2. Trancher la tomate et façonner les oignons verts en forme de fleurs.

Cuisson

Chauffer le wok sur feu élevé. Verser 2 c. à soupe (2 c. à table) d'huile végétale. Ajouter l'ail et faire brunir les gousses. Incorporer les pois mange-tout, le bach-choi, les poivrons. Les crevettes et les boulettes de poisson. Verser la sauce aux huîtres et ajouter 125 ml (1/2 tasse) d'eau. Saupoudrer de tapioca et bien mélanger. Verser le contenu du wok dans un grand bol et poivrer. Laver ou rincer le wok avant de le remettre sur feu élevé. Ajouter 4 c. à soupe (4 c. à table) combles d'huile de maïs. Ajouter les nouilles et faire sauter pendant 4 à 6 minutes avec la poudre d'ail, le glutamate de sodium et la sauce soya.

Présentation

Disposer les nouilles sur une grande assiette. Verser la sauce par-dessus et recouvrir de légumes. Faire alterner les oignons verts en fleurs et les quartiers de tomate autour de l'assiette. Placer un gros oignon vert en fleur au centre et arroser généreusement de sauce aux huîtres.

Filets de poisson Sichuan

Ingrédients

1 kg (2 lb) de filets de poisson
1 botte d'oignons verts (en fleurs
  pour la décoration)
500 ml (2 tasses) de farine à tempura
1,5 L (6 tasses) d'huile de maïs
  pour la friture

Assaisonnements:

1 soupçon de poivre
1 soupçon d'ail
1/2 c. à café (1/2 c. à thé) de sel
1/2 c. à café (1/2 c. à thé) de
  monoglutamate de sodium
sauce ''passe-partout'' pour la friture (voir recette suivante)

Préparation

Couper les filets de poisson en morceaux de 4 cm
(1 3/4 po). Laisser mariner dans une préparation faite avec
les assaisonnements énumérés ci-dessus. Mélanger la
farine à tempura dans de l'eau froide jusqu'à ce que la pâte
soit lisse.

Cuisson

Verser l'huile dans un wok très chaud. À l'aide d'une paire
de longues baguettes, prendre un morceau de poisson à la
fois et l'enrober généreusement de pâte avant de le mettre
délicatement dans l'huile.

Présentation

Disposer les morceaux dans une assiette ovale. Entourer d'oignons verts façonnés en forme de fleurs. Napper de sauce "passe-partout" (voir recette suivante).

Sauce aigre-douce (sauce "passe-partout" pour la friture)

Ingrédients

2 oignons
1 poivron rouge
1 poivron vert
1 boîte de 185 g (6 1/2 oz) de têtes
  d'échalotes

Assaisonnements:

6 c. à soupe (6 c. à table) combles
  de vinaigre
6 c. à soupe (6 c. à table) combles
  de sucre
6 c. à soupe (6 c. à table) combles
  d'eau froide
1 c. à soupe (1 c. à table) comble de
  pâte de tomate
1 c. à café (1 c. à thé) de sel
1 c. à café (1 c. à thé) de sauce chili
  (facultatif)
1 c. à soupe (1 c. à table) d'huile de
  piment (facultatif)
1 c. à soupe (1 c. à table) d'huile de
  maïs
1 c. à soupe (1 c. à table) de tapioca
  (fécule) dans 2 c. à soupe (2 c. à
  table) combles d'eau froide

Préparation

Couper les légumes en lamelles. Mélanger tous les assaisonnements dans un bol, sauf l'huile de piment, l'huile de maïs et le tapioca. Dissoudre le tapioca dans l'eau.

Cuisson

Chauffer le wok ou la casserole et verser l'huile de maïs, puis ajouter les légumes. Remuer pendant 1 minute et ajouter l'huile de piment. Verser la sauce par-dessus, puis le tapioca. Amener à ébullition et servir.

Poisson doré au bain-vapeur

Ingrédients

1 doré de 1,25 kg (2 1/2 lb) environ
1 petit morceau de gingembre coupé en lamelles
25 fleurs de lys jaunes*
125 ml (1/2 tasse) de sauce soya claire
3 c. à soupe (3 c. à table) d'huile de maïs
1/3 c. à café (1/3 c. à thé) de glutamate de sodium
1 botte d'oignons verts

Préparation

Laver soigneusement le poisson et bien l'essuyer. Recouvrir de fleurs de lys et de lamelles de gingembre. Hacher 3 ou 4 oignons verts et confectionner des fleurs avec les autres. Placer le poisson dans une assiette ronde et creuse dont la dimension est légèrement plus petite que celle du wok. Déposer une serviette au fond du wok rempli d'eau au tiers. Mettre le poisson par-dessus. Recouvrir avec un couvercle dont le diamètre est légèrement inférieur à celui du wok.

LÉGENDES DES PHOTOS

Riz frit Yang-Chu, 130

Nid d'oiseau aux crevettes, 149

Taro farci aux crevettes, 156

Biscuits aux amandes, 179

Cuisson

Cuire le doré à la vapeur pendant 20 minutes. (Le temps de cuisson variera selon la grosseur du poisson.) Assurez-vous que le plat soit placé de telle façon que vous obteniez une étanchéité maximale. Verser l'huile sur le doré. Mettre le glutamate de sodium dans la sauce soya et verser sur le poisson.

Présentation

Recouvrir le doré d'oignons verts hachés et entourer d'oignons verts transformés en fleurs.

---

*Légume jaune séché et légèrement sucré.
Les fleurs de lys doivent tremper dans l'eau pendant 30 minutes, puis on doit les rincer deux fois à l'eau froide. Faire un noeud au milieu de chaque fleur avant de déposer celles-ci sur le poisson.

Crevettes à la sauce Sichuan

Ingrédients

250 ml (1 tasse) de noix de cajou
500 g (1 lb) de crevettes
sel
1 blanc d'oeuf
1 c. à soupe (1c. à table) de farine
   de riz
3 oignons verts
1 morceau de gingembre de 2 cm
   (1 po) environ
2 c. à soupe (2 c. à table) de pâte de
   tomate
1/2 c. à café (1/2 c. à thé) de
   glutamate de sodium
1/2 c. à café (1/2 c. à thé) de sucre
3/4 c. à café (3/4 c. à thé) de vin
   de cuisine
1/2 c. à café (1/2 c. à thé) de
   vinaigre noir*
1/2 c. à café (1/2 c. à thé) de
   tapioca (fécule) dissous dans
   1 c. à café (1 c. à thé) comble
   d'eau
1 c. à soupe (1 c. à table) d'huile de
   sésame
1 L (4 tasses) + 2 c. à soupe (2 c.
   à table) d'huile végétale

Préparation

Laver les crevettes à l'eau salée et les faire mariner dans une préparation faite avec le blanc d'oeuf, la farine de riz et

*Le vinaigre noir est fabriqué avec du riz gluant noir. On peut le remplacer par du vinaigre de vin.

1/4 c. à café (1/4 c. à thé) de sel. Couper les oignons verts en petits dés et hacher le gingembre.

Cuisson

Laisser tremper les crevettes dans 1 L (4 tasses) d'huile tiède pendant 30 secondes. Chauffer 2 c. à soupe (2 c. à table) d'huile dans un wok. Ajouter le gingembre et les oignons verts, la pâte de tomate, 1/3 c. à café (1/3 c. à thé) de sel, le glutamate de sodium, le sucre, les crevettes, les noix de cajou, 1/2 c. à café (1/2 c. à thé) de vin de cuisine, le vinaigre noir, le tapioca dissous dans l'eau et l'huile de sésame. Faire revenir le tout pendant 30 secondes.

Présentation

Verser dans une assiette ovale et couronner avec un oignon vert façonné en forme de fleur.

Crevettes corail

Ingrédients

2 bottes de cresson
1 c. à café (1 c. à thé) rase de sel
1 c. à café (1 c. à thé) rase +
   1 pincée de glutamate de sodium
2 c. à soupe (2 c. à table) d'huile
24 crevettes
2 c. à café (2 c. à thé) de sauce
   tomate
125 ml (1/2 tasse) de bouillon de
   poulet
1 pincée de sel
1 c. à soupe (1 c. à table) rase de
   sucre
2 gousses d'ail
2 c. à café (2 c. à thé) de vin blanc
2 c. à café (2 c. à thé) d'huile de piment rouge
1 c. à café (1 c. à thé) rase de
   tapioca (fécule) dissous dans
   l'eau

Cuisson

Faire sauter le cresson dans l'huile. Ajouter le sel et 1 c. à café (1 c. à thé) de glutamate de sodium. Disposer dans un plat de service. Faire sauter les crevettes dans l'huile pendant 2 minutes et ajouter les autres ingrédients. Bien mélanger pendant quelques secondes jusqu'à consistance légère et homogène.

Présentation

Servir sur le lit de cresson.

Nid d'oiseau aux crevettes

Ingrédients

250 g (8 oz) de grosses crevettes
12 oeufs de caille
125 g (4 oz) de pois mange-tout
750 g (1 1/2 lb) de bach-choi*
 (conserver les feuilles)
1 kg (2 lb) de taro**
6 radis en fleurs

Assaisonnements:

2 c. à soupe (2 c. à table) de sauce
 aux huîtres
1 c. à soupe (1 c. à table) de sauce
 soya noire
1 c. à soupe (1 c. à table) de
 tapioca (fécule) dissous dans 2 c.
 à café (2 c. à thé) d'eau
1 c. à soupe (1 c. à table) de pâte de
 soya piquante
3 gousses d'ail
1 pincée de poivre
1/2 c. à café (1/2 c. à thé) de
 glutamate de sodium
1 c. à soupe (1 c. à table) de farine
1,5 L (6 tasses) d'huile (pour la
 friture du nid)

*Légume vert qui ressemble à la laitue romaine.

**Plante vivace dont les nombreuses variétés sont cultivées pour leur gros rhizome tubéreux. Parfois appelé chou-chine, le taro s'apprête comme la pomme de terre.

Préparation

Nid d'oiseau: Peler le taro et le couper en 2. Cuire au bain-vapeur pendant 20 minutes. Râper finement et mélanger avec la farine. Disposer les lamelles dans une passoire en forme de nid. Frire le nid dans une casserole contenant 1,5 L (6 tasses) d'huile.

Contenu du nid: Faire cuire les oeufs de caille et enlever la coquille. (Les oeufs doivent être cuits durs.) Enlever les extrémités des pois mange-tout en les tirant d'un coup sec. Couper finement la partie blanche du bach-choi en faisant des lamelles d'environ 5 mm (1/5 po). Façonner les radis en forme de fleurs. Décortiquer les crevettes, faire une incision sur le dos et enlever l'intestin. Hacher les gousses d'ail.

Cuisson

Faire sauter les crevettes dans un wok très chaud contenant 2 c. à soupe (2 c. à table) d'huile. Ajouter l'ail, la pâte de soya piquante, 1 c. à soupe (1 c. à table) de sauce aux huîtres. Retirer immédiatement les crevettes et rincer le wok.

Chauffer le wok de nouveau avec 3 c. à soupe (3 c. à table) combles d'huile. Faire revenir les pois mange-tout et le bach-choi pendant 5 minutes, puis ajouter les crevettes et les oeufs de caille. Assaisonner avec 1 c. à soupe (1 c. à table) de sauce aux huîtres, la sauce soya, le glutamate de sodium et le tapioca dissous dans l'eau. Arroser avec 1 c. à soupe (1 c. à table) d'huile.

Présentation

Déposer le nid dans une assiette et entourer avec les radis et les feuilles de bach-choi. Verser le contenu du wok et poivrer.

La bonne pêche

Ingrédients

2/3 boîte de biscuits aux crevettes
500 g (1 lb) de crevettes (avec leurs
  queues)
1 boîte de pâte à tempura
125 ml (1/2 tasse) d'eau
sauce piquante (facultatif)
sel et poivre
glutamate de sodium
sucre
poudre d'ail
1,5 à 2 L (6 à 8 tasses) d'huile de
  maïs

Sauce à l'ananas:

pulpe d'ananas
1/4 paquet de tamarins*
1/2 c. à café (1/2 c. à thé) de sel
4 c. à soupe (4 c. à table) combles
  de sucre
poudre d'ail (au goût)
1 boîte de 185 g (6 1/2 oz) de têtes
  d'échalotes
1 c. à soupe (1 c. à table) de tapioca
  (fécule) dissous dans 125 ml
  (1/2 tasse) d'eau
3 piments forts hachés (facultatif)
1 c. à soupe (1 c. à table) de sauce
  soya noire ou 2 c. à soupe (2 c. à
  table) de sauce aux huîtres

Décoration

1 bel ananas
1 baguette de cuisine avec, de
  préférence, un trou au sommet
  pour faire le mât du bateau

*Le tamarin est un fruit qui se présente sous la forme d'une grosse gousse brune
contenant une pulpe sucrée et acidulée.

151

persil ou cresson
cerises
radis façonnés en forme de fleurs
fil noir et aiguille pour faire la voile
   du bateau

Préparation

Décortiquer les crevettes (ne pas enlever les queues) et les inciser sur le côté. Assaisonner avec un soupçon de poudre d'ail, du poivre, 1/2 c. à café (1/2 c. à thé) de glutamate de sodium et 1/3 c. à café (1/3 c. à thé) de sel.

Pâte à tempura: Suivre les directives sur la boîte — 125 ml (1/2 tasse) d'eau, et ajouter 80 ml (1/3 tasse) d'eau si la pâte est trop épaisse.

Cuisson

De préférence, faire frire une première fois la veille et mettre au congélateur.

Première cuisson: Prendre une crevette par la queue et la plonger dans la pâte. Bien enrober, retirer délicatement et déposer dans l'huile chaude sur feu très élevé. Prévoir de 1,5 à 2 L (6 à 8 tasses) d'huile de maïs selon la grosseur du wok ou de la friteuse utilisé. Quand la crevette flotte à la surface de l'huile, la retirer immédiatement et l'assécher sur du papier buvard ou absorbant.

Deuxième cuisson: Mettre les crevettes congelées dans l'huile bouillante et les assécher.

Sauce à l'ananas: Mélanger 750 ml (3 tasses) d'eau, les tamarins, la pulpe d'ananas, le sucre, la sauce piquante, le tapioca dissous, les têtes d'échalotes et les piments forts. Remuer jusqu'à ce que la sauce soit consistante et onctueuse. Incorporer la sauce soya noire ou la sauce aux huîtres, le sel et la poudre d'ail.

Présentation

Couper l'ananas en deux pour lui donner la forme d'un bateau. Retirer la pulpe en en laissant environ 4 cm (1 3/4 po) au centre pour pouvoir y planter le mât. Confectionner la voile avec les cerises et le persil (ou le cresson) et la fixer en utilisant du fil et une aiguille. Laisser tremper les radis en fleurs dans l'eau glacée avant de les employer. Mettre du papier buvard au fond du bateau, ce qui permettra aux radis en fleurs de s'épanouir davantage. Déposer délicatement les crevettes frites qui formeront le voile de la bonne pêche.

Frire les biscuits aux crevettes et les disposer tout autour de l'assiette ovale comme pour imiter des vagues. Piquer un petit bâtonnet sur chaque radis en fleur. Les fleurs symbolisent la joie et la fête qui accompagnent la bonne pêche.

Sop suyei de Fu-Zhien

Ingrédients

Légumes:

5 à 8 champignons trempés dans
   l'eau pendant 30 minutes
   (facultatif)
1 boîte de 540 ml (19 oz) de
   pousses de bambou
1/4 chou de grosseur moyenne
1 grosse carotte
250 g (8 oz) de fèves germées
1 botte d'oignons verts

Viande et fruits:

250 g (8 oz) de viande barbecue
1 boîte de 170 g (6 oz) de chair de
   crabe
500 g (1 lb) de crevettes congelées
quelques cerises
1/2 paquet de vermicelles de riz

Assaisonnements:

2 c. à café (2 c. à thé) de sel (ou
   plus, au goût)
1 c. à café (1 c. à thé) de glutamate
   de sodium
1 c. à café (1 c. à thé) de sucre
1 c. à soupe (1 c. à table) de sauce
   soya noire
7 c. à soupe (7 c. à table) d'huile
   végétale
1 soupçon de poudre d'ail
poivre noir
1 c. à soupe (1 c. à table) de tapioca
   (fécule)

Préparation

Faire tremper les champignons. Couper la viande en julienne et tous les légumes en lamelles. Frire les vermicelles dans l'huile. Faire décongeler les crevettes dans l'eau froide additionnée de 1/2 c. à café (1/2 c. à thé) de sel. Façonner les oignons verts en forme de fleurs.

Cuisson

Verser 6 c. à soupe (6 c. à table) d'huile végétale dans un wok très chaud. Ajouter tous les légumes en lamelles et remuer pendant 3 minutes. Incorporer la viande, la chair de crabe et les crevettes. Assaisonner, sans toutefois ajouter le tapioca. Mélanger les légumes pendant 30 secondes. Parsemer de tapioca et bien remuer tous les ingrédients. Arroser avec 1 c. à soupe (1 c. à table) d'huile végétale.

Présentation

Étaler les vermicelles frits dans une grande assiette ovale. Verser le contenu du wok par-dessus et décorer joliment avec des oignons verts en fleurs et des cerises.

Taro farci aux crevettes
(25 petits pipas de Hang-Chow)

Ingrédients

4 c. à soupe (4 c. à table) de farine
  de Cheng Mien (sous-produit du
  gluten)
750 g (1 1/2 lb) de taro*
1 1/2 c. à café (1 1/2 c. à thé) de
  glutamate de sodium
1 1/3 c. à café (1 1/3 c. à thé) de
  sel
5 c. à soupe (5 c. à table) de saindoux (ou l'huile que l'on aura
  utilisée pour la friture)
25 crevettes de grosseur moyenne
poivre
1/2 c. à café (1/2 c. à thé) de
  tapioca (fécule)
1 L (4 tasses) d'huile végétale

Préparation

Mettre 6 c. à soupe (6 c. à table) combles d'eau chaude dans
le Cheng Mien et bien mélanger. Peler le taro, le couper en
tranches et le cuire au bain-vapeur pendant 30 minutes.
Réduire en purée avec 1 c. à café (1 c. à thé) de sel, 1 c. à
café (1 c. à thé) de glutamate de sodium, la pâte de Cheng
Mien et 5 c. à soupe (5 c. à table) de saindoux. Mélanger et
diviser la pâte en 25 morceaux.

Décortiquer les crevettes et faire une incision sur la partie
dorsale de chacune. Mélanger 1/3 c. à café (1/3 c. à thé) de

*Plante vivace dont les nombreuses variétés sont cultivées pour leur gros rhizo-
me tubéreux. Parfois appelé chou-chine, le taro s'apprête comme la pomme de
terre.

sel, 1/2 c. à café (1/2 c. à thé) de glutamate de sodium, le poivre et le tapioca et en insérer un peu dans chaque crevette. Entourer chaque crevette de purée de taro et lui donner la forme d'un pipa (guitare chinoise).

Cuisson

Frire les pipas dans l'huile bouillante jusqu'à ce qu'ils soient dorés.

Présentation

Voir photo dans le deuxième cahier couleur.

Crevettes et cuisses de grenouille sautées à la cantonnaise

Ingrédients

350 g (12 oz) de crevettes de grosseur moyenne et de cuisses de grenouille

1 boîte de 540 ml (19 oz) de pousses de bambou

1 carotte tranchée

1 poivron vert en lanières

1 poivron rouge en lanières

1 morceau de gingembre de 3 cm (1 1/4 po)

4 gousses d'ail

1 botte d'oignons verts

1 concombre (pour la décoration)

5 cerises (pour la décoration)

500 ml (2 tasses) d'huile de soya ou de maïs

Sauce:

1 c. à soupe (1 c. à table) de tapioca (fécule)

3/4 c. à café (3/4 c. à thé) de sel

3/4 c. à café (3/4 c. à thé) de sucre

1 c. à café (1 c. à thé) de glutamate de sodium

1 c. à café (1 c. à thé) comble d'huile de sésame

poivre noir

1 c. à soupe (1 c. à table) de sauce aux huîtres

1 c. à soupe (1 c. à table) comble de sauce soya noire

1 c. à soupe (1 c. à table) de vin de cuisine

Préparation

Couper les pousses de bambou en tranches. Trancher 2 oignons verts en morceaux de 10 cm (4 po). Séparer les cuisses de grenouille en 2. Décortiquer les crevettes et faire une incision sur la partie dorsale; extirper l'intestin si désiré.

Émincer les gousses d'ail et trancher finement le concombre.

Sauce: Mélanger tous les ingrédients qui composent la sauce dans un bol, sauf le vin.

Cuisson

Faire chauffer l'huile dans un wok très chaud, ajouter les cuisses de grenouille et faire revenir pendant 30 secondes. Retirer de l'huile. Faire la même chose avec les crevettes. Faire revenir le gingembre, l'ail et les morceaux d'oignons verts pendant 10 secondes dans un wok très chaud. Ajouter les poivrons, les carottes, les pousses de bambou, les cuisses de grenouille et les crevettes. Faire sauter pendant 30 secondes. Ajouter le vin, puis la sauce.

Présentation

Verser dans une assiette ovale et entourer de tranches de concombre en éventail et de cerises.

Bach-choi et mange-tout sautés aux boulettes de crevettes

Ingrédients

1 kg (2 lb) de bach-choi*
250 g (8 oz) de mange-tout
1 paquet de boulettes de crevettes
  (12 environ)
2 tomates
1 carotte

Assaisonnements:

2 c. à soupe (2 c. à table) de tapioca
  (fécule) dissous dans 125 ml
  (1/2 tasse) d'eau
6 gousses d'ail
1/2 c. à café (1/2 c. à thé) de sel
1 c. à café (1 c. à thé) de glutamate
  de sodium
1 c. à soupe (1 c. à table) de sauce
  soya aux champignons
1 c. à soupe (1 c. à table) de sauce
  aux huîtres
4 c. à soupe (4 c. à table) d'huile
  pour la cuisson des légumes
500 ml (2 tasses) d'huile pour la
  friture des boulettes de crevettes

Préparation

Frire les boulettes de crevettes dans 500 ml (2 tasses) d'huile. Hacher les gousses d'ail. Façonner une des tomates en forme de fleur et couper l'autre en 8 quartiers. Émincer la carotte. Enlever les feuilles de bach-choi et

*Légume vert qui ressemble à la laitue romaine.

couper la partie blanche en lamelles. Enlever les bouts des mange-tout en tirant d'un coup sec.

Cuisson

Mettre 3 c. à soupe (3 c. à table) d'huile dans un wok très chaud sur feu le plus élevé. Ajouter l'ail haché, puis les légumes, sauf les tomates. Remuer le tout pendant 1 minute. Ajouter le sel, la sauce soya, la sauce aux huîtres, le glutamate de sodium et 1 c. à soupe (1 c. à table) d'huile. Remuer les légumes pendant 30 secondes. Ajouter le tapioca dissous dans l'eau, puis les boulettes de crevettes, et retourner le tout pendant 1 minute.

Présentation

Déposer les légumes dans un grand plat ovale et entourer de quartiers de tomate. Enjoliver le tout en plaçant une tomate en fleur au centre du plat.

Pochettes de crevettes (région de Hang-Chow)

Ingrédients

Farce:

250 g (8 oz) de crevettes de grosseur moyenne

85 g (2 3/4 oz) de lard

1 morceau de bambou de 3 à 5 cm (1 1/4 à 2 po) d'épaisseur

1 c. à café (1 c. à thé) de glutamate de sodium

1 c. à café (1 c. à thé) de sel

2 c. à café (2 c. à thé) d'huile de sésame

poivre noir

1 c. à café (1 c. à thé) de tapioca (fécule)

Feuilles de pâte:

150 g (5 oz) de farine de Cheng Mien (sous-produit du gluten)

80 ml (1/3 tasse) d'eau bouillante

1 c. à café (1 c. à thé) de lard fondu

huile

Décoration:

sauce aux prunes

4 oignons verts façonnés en fleurs

cerises

Préparation

Nettoyer les crevettes à l'eau salée, rincer et égoutter. Hacher en petits dés. Bouillir le lard et couper en petits morceaux. Couper le bambou en petits dés. Mélanger les crevettes, le lard, le bambou, le glutamate de sodium, le sel, l'huile de sésame, le poivre noir et le tapioca.

Feuilles de pâte: Mettre la farine dans un bol assez large. Verser l'eau bouillante par-dessus, déposer le lard fondu et pétrir en confectionnant un long cylindre. Trancher en segments de 2 cm (3/4 po) de diamètre. Recouvrir d'une fine couche d'huile. Placer 1 c. à café (1 c. à thé) de farce au centre de chaque feuille de pâte. Faire des plis et refermer. (Les pochettes devraient avoir la forme d'une demi-lune plissée.)

Cuisson

Graisser la gamelle à bain-vapeur et y déposer les pochettes. Cuire de 4 à 5 minutes.

Note: Amener à forte ébullition avant de déposer la gamelle.

Crevettes rouges au riz

Par personne:
Ingrédients

6 grosses crevettes rouges
1 1/2 bol de riz cuit
30 g (1 oz) de beurre
2 c. à café (2 c. à thé) de farine
2 gousses d'ail
2 c. à soupe (2 c. à table) d'amandes
30 ml (1 oz) de vin rouge
1 c. à soupe (1 c. à table) de jus de
  tomate
1 c. à café (1 c. à thé) de sauce aux
  tomates
1 c. à café (1 c. à thé) de sel
1/3 c. à café (1/3 c. à thé) de piment
  en poudre
1 c. à soupe (1 c. à table) d'oignon
  haché

Préparation

Laver et décortiquer les crevettes avant de les couper en 2 et de retirer les entrailles. Couper chaque gros morceau en 3. Couper l'ail en menus morceaux. Laisser tremper les amandes dans l'eau chaude pour enlever l'écorce, puis les faire brunir.

Cuisson

Faire chauffer le beurre dans un wok, ajouter l'oignon haché et les crevettes, et sauter. Saupoudrer de farine. Ajouter la sauce aux tomates, le jus de tomate et le vin pour faire une sauce liée. Ajouter l'ail, les amandes, le piment en poudre et le sel, et sauter. Verser dans un plat et servir le riz dans un bol séparé.

Crevettes de Shanghai

Ingrédients

650 g (1 1/4 lb) de crevettes
  moyennes, entières
2 oignons verts
1 morceau de gingembre frais de
  2 cm (1 po)
4 gousses d'ail
2 c. à soupe (2 c. à table) de sauce
  soya claire
1 c. à soupe (1 c. à table) de vin de
  cuisine
1 c. à café (1 c. à thé) de sucre
1/2 c. à café (1/2 c. à thé) de poivre
1/2 c. à café (1/2 c. à thé) de
  glutamate de sodium
1/2 c. à café (1/2 c. à thé) d'huile
  de sésame
4 c. à soupe (4 c. à table) d'huile
  végétale

Préparation

Enlever les pattes et les moustaches des crevettes mais
conserver leurs têtes. Avec un couteau bien affilé, faire une
fente sur la partie dorsale et enlever la veine noire. Laver et
égoutter les crevettes sur du papier essuie-tout. Ne pas les
décortiquer. Hacher finement le gingembre, l'ail et les oignons verts. Mélanger tous les ingrédients dans un bol,
sauf les crevettes et l'huile. Ajouter les crevettes à la toute
fin et laisser mariner pendant 30 minutes en les retournant
de temps en temps.

Cuisson

Chauffer un wok sur feu élevé, ajouter l'huile végétale.
Égoutter les crevettes et conserver la marinade. Lorsque
l'huile est sur le point de fumer, ajouter les crevettes et sauter pendant 3 minutes en remuant constamment avec une
spatule. Baisser le feu à température moyenne, verser la
marinade, couvrir et cuire à l'étuvée pendant 2 minutes en
remuant de temps en temps. Ajouter l'huile de sésame et
servir immédiatement.

Oeufs Foo Young aux crevettes et au crabe

Ingrédients

8 oeufs moyens
150 g (5 oz) de crevettes congelées
1 boîte de 190 g (7 oz) de crabe
150 g (5 oz) de fèves germées
1/2 oignon espagnol moyen
2 tiges de céleri ou 1 courge
1 botte d'oignons verts
4 tomates
1/2 boîte de champignons de paille en conserve (**straw mush-rooms**)

Assaisonnements:
1/2 c. à café (1/2 c. à thé) de sel
1 c. à café (1 c. à thé) de glutamate de sodium
1 c. à soupe (1 c. à table) de tapioca (fécule) dissous dans 185 ml (6 oz) d'eau
4 c. à soupe (4 c. à table) de sauce aux huîtres
250 ml (1 tasse) d'huile

Préparation

Décongeler les crevettes dans un bol d'eau contenant 1 c. à café (1 c. à thé) de sel. Bien battre les oeufs avec 1/2 c. à café (1/2 c. à thé) de sel. Couper les légumes en petits morceaux et les mélanger avec la chair de crabe, les crevettes hachées et les fèves germées. Mélanger la sauce aux huîtres et le tapioca dissous, puis ajouter le glutamate de sodium et l'huile. Amener cette sauce à ébullition.

Faire 2 omelettes avec les oeufs battus et diviser la farce entre celle-ci. Plier les omelettes.

Présentation

Déposer les omelettes sur une assiette ovale ou ronde et napper de sauce. Décorer au goût.

Crevettes sautées à la cantonnaise

Ingrédients

500 g (1 lb) de crevettes fraîches
  moyennes
1/2 c. à café (1/2 c. à thé) de sel
1/2 c. à café (1/2 c. à thé) de poivre
1/2 c. à café (1/2 c. à thé) de
  glutamate de sodium
1 c. à soupe (1 c. à table) de tapioca
  (fécule)
1 concombre moyen
100 g (3 oz) de pois mange-tout
1 oignon espagnol moyen
5 champignons parfumés
1 gousse d'ail
1 c. à soupe (1 c. à table) de vin de
  cuisine
1 c. à soupe (1 c. à table) de sauce
  soya claire
1 c. à soupe (1 c. à table) de sauce
  soya noire
1 morceau de gingembre de 2 X 2 cm
  (1 X 1 po)
6 c. à soupe (6 c. à table) d'huile
  végétale

Préparation

Décortiquer les crevettes, enlever la veine noire et rincer à
l'eau froide. Essuyer avec du papier essuie-tout. Avec un
couteau pointu bien affilé, faire une incision profonde sur le
dos des crevettes. Ouvrir chaque crevette en deux mais
sans séparer complètement les parties pour que la crevette
ressemble à un papillon. Mélanger avec du sel, du poivre et
du glutamate de sodium dans un grand bol et rouler dans le
tapioca.

Peler le concombre et le couper en 2 dans le sens de la longueur. Enlever les graines et l'émincer en demi-rondelles de 0,5 cm (1/4 po) d'épaisseur. Laisser tremper les champignons dans l'eau tiède et bien les essorer. Couper les champignons et l'oignon en rondelles. Écraser et hacher la gousse d'ail. Hacher finement le gingembre.

Cuisson

Chauffer le wok sur feu élevé, puis ajouter 3 c. à soupe (3 c. à table) d'huile végétale. Ajouter l'ail et le gingembre et remuer constamment avec une spatule. Ajouter les crevettes et sauter pendant 3 minutes. Retirer les crevettes. Faire chauffer 3 autres c. à soupe (c. à table) d'huile dans le wok, ajouter les légumes et faire revenir pendant 3 minutes. Ajouter les crevettes, puis remuer en incorporant la sauce soya claire, la sauce soya noire et le vin de cuisine.

Présentation

Verser le tout dans une assiette ovale et décorer le contour de l'assiette avec des oignons verts façonnés en forme de fleurs ou faire une autre décoration au goût.

Pois mange-tout et pousses de bambou sautés aux crevettes

Ingrédients

60 g (2 oz) de pois mange-tout
1 oignon vert (partie blanche)
1 tranche de gingembre de 2 X 2 cm
(0,8 X 0,8 po)
20 crevettes moyennes
250 g (8 oz) de pousses de bambou
en conserve
4 c. à soupe (4 c. à table) d'huile
végétale
2 c. à soupe (2 c. à table) de sauce
soya
1 c. à café (1 c. à thé) de vin de riz
(vin de cuisine)
1/2 c. à café (1/2 c. à thé) de
glutamate de sodium

Préparation

Décortiquer les crevettes. Enlever les extrémités des pois mange-tout. Couper le gingembre et la partie blanche de l'oignon vert en petits dés. Trancher les pousses de bambou (2 mm (1/16 po) d'épaisseur, 4 cm (1 3/4 po) de longueur et 3 cm (1 1/4 po) de largeur).

Faire chauffer 3 c. à soupe (3 c. à table) d'huile végétale dans un wok très chaud. Ajouter l'oignon vert et le gingembre, puis les crevettes. Faire revenir pendant 2 minutes. Ajouter les pois mange-tout et les pousses de bambou. Sauter pendant 3 minutes sur feu vif.

Incorporer la sauce soya, le vin de riz et le glutamate de sodium. Arroser avec 1 c. à soupe (1 c. à table) d'huile.

Présentation

Verser le tout dans un plat ovale et décorer au goût.

Salade à la méduse et aux crevettes

Ingrédients

500 g (1 lb) de peau de méduse
  (**jelly fish**) trempée
60 g (2 oz) de crevettes fraîches,
  décortiquées
60 g (2 oz) de concombre
4 gousses d'ail

Assaisonnements:

1/2 c. à café (1/2 c. à thé) de
  glutamate de sodium
1/4 c. à café (1/4 c. à thé) de sel
1 c. à café (1 c. à thé) de vin de riz
1 c. à café (1 c. à thé) de sauce soya
  claire
1 c. à soupe (1 c. à table) comble de
  vinaigre blanc
2 c. à café (2 c. à thé) d'huile
  de sésame

Préparation

Laver la peau de méduse et la couper en fines lamelles. Ébouillanter et retirer immédiatement de l'eau. Égoutter. Faire cuire les crevettes. Laver le concombre et assécher avec du papier essuie-tout. Couper en fines lamelles. Hacher l'ail finement. Mélanger tous les ingrédients et servir.

Présentation

On peut décorer ce plat avec du persil et des carottes façonnées en forme de fleurs.

Calmars sautés à la cantonnaise

Ingrédients

1 kg (2 lb) de calmars
1 poivron vert
1 carotte
3 feuilles de chou
1,5 L (6 tasses) d'eau
1 oignon vert façonné en forme de
   fleur (pour la décoration)

Assaisonnements:

1 c. à café (1 c. à thé) de sel
1/8 c. à café (1/8 c. à thé) de
   cinq-épices
1/2 c. à café (1/2 c. à thé) de
   glutamate de sodium
1 c. à soupe (1 c. à table) de vin de
   de cuisine
2 c. à soupe (2 c. à table) d'huile
   végétale

Préparation

Laver les calmars et quadriller la surface. Couper les légumes en julienne. Dans un bol, mélanger les calmars, les cinq-épices, le sel et le glutamate de sodium. Faire cuire tous les ingrédients mélangés pendant 3 minutes.

Présentation

Garnir l'assiette contenant les calmars avec les légumes en julienne et placer 1 oignon vert transformé en fleur au centre.

Homard sauté aux légumes

Ingrédients

1 homard de 1 kg (2 lb) environ
1 blanc d'oeuf
1 1/3 c. à café (1 1/3 c. à thé) de sel
1 1/2 c. à café (1 1/2 c. à thé) de
  sucre
1 c. à café (1 c. à thé) de jus de
  gingembre
2 c. à soupe (2 c. à table) de vin de
  riz
4 c. à soupe (4 c. à table) de sauce
  soya
1 c. à soupe (1 c. à table) de
  glutamate de sodium
4 c. à soupe (4 c. à table) d'huile
  végétale
5 champignons frais
350 g (12 oz) de laitue chinoise
3 c. à soupe (3 c. à table) d'huile
  d'arachide

Préparation

Laver le homard, retirer la chair de la carapace sans briser celle-ci et couper en cubes. Cuire la chair à la vapeur.

Faire quelques incisions en forme de croix sur les champignons. Laver la laitue chinoise et la couper en morceaux. Faire sauter dans 3 c. à soupe (3 c. à table) d'huile d'arachide avec 1/3 c. à café (1/3 c. à thé) de sel, 1 c. à soupe (1 c. à table) de vin de riz, 1/2 c. à café (1/2 c. à thé) de sucre et 1/2 c. à café (1/2 c. à thé) de glutamate de sodium. Disposer les légumes au fond d'un plat. Couper la carapace du homard en 2 et déposer les moitiés aux extrémités du plat.

Cuisson

Chauffer 4 c. à soupe (4 c. à table) d'huile dans un wok très chaud. Mélanger la chair de homard avec le blanc d'oeuf, 1 c. à café (1 c. à thé) de sel, 1 c. à café (1 c. à thé) de sucre, le jus de gingembre, 1 c. à soupe (1 c. à table) de vin de riz, la sauce soya et 1/2 c. à café (1/2 c. à thé) de glutamate de sodium. Faire sauter le tout dans l'huile chaude.

Présentation

Verser le contenu du wok dans le plat et décorer avec les champignons.

Langoustines braisées à la cantonnaise

Ingrédients

24 langoustines
560 g (1 lb 2 oz) de lard
1 botte de cresson

Assaisonnements:

1 c. à soupe (1 c. à table) de vin
   de riz
1 c. à café (1 c. à thé) de sucre
2 morceaux de gingembre de 2 X 2 cm
   (1 X 1 po)
4 oignons verts
1 c. à café (1 c. à thé) de glutamate
   de sodium
1 c. à café (1 c. à thé) de sel
2 cubes de bouillon de poulet dissous dans 3 c. à soupe (3 c. à
   table) d'eau bouillante

Préparation

Laver et égoutter les langoustines. Faire chauffer le lard dans un poêlon. Faire braiser les langoustines jusqu'à ce qu'elles deviennent rouges. Mélanger tous les assaisonnements et mettre sur feu doux pendant 2 minutes environ, puis sur feu vif jusqu'à ce que la sauce soit visqueuse et collante.

Présentation

Déposer les langoustines sur un lit de cresson et napper de sauce.

Salade de fruits ou île printanière

Ingrédients
litchis
nèfles
longanes
arbouses

Préparation

L'île printanière est un mariage de tous ces fruits au sirop que l'on peut acheter frais ou en conserve dans les épiceries du quartier chinois.

Biscuits aux amandes

Ingrédients

1 kg (2 lb) de farine tout usage tamisée

1 c. à café (1 c. à thé) de bicarbonate de soude

1 1/2 c. à café (1 1/2 c. à thé) de levure chimique (poudre à pâte)

250 ml (1 tasse) d'amandes blanchies

500 g (1 lb) de beurre non salé

250 ml (1 tasse) de sucre brun

250 ml (1 tasse) de sucre blanc

2 oeufs

1 c. à café (1 c. à thé) d'extrait d'amandes

amandes entières (quantité suffisante)

jaune d'oeuf battu

Préparation

Premier mélange: Tamiser ensemble la farine tamisée, le bicarbonate de soude et la levure chimique (poudre à pâte). Incorporer les amandes préalablement pulvérisées dans le mélangeur ou le moulin à café.

Deuxième mélange: Mélanger le beurre, le sucre, les oeufs et l'extrait d'amandes. Façonner en petites boules. Mettre une amande entière au centre. Badigeonner de jaune d'oeuf battu. Cuire au four à 180°C (350°F) pendant 12 à 15 minutes.

Petits gâteaux de riz

Ingrédients

300 g (10 oz) de farine de riz frite
280 ml (10 oz) d'eau
300 g (10 oz) de sucre
6 c. à café (6 c. à thé) de saindoux
1 branche de persil

Préparation

Tamiser la farine frite dans un bol. Mélanger l'eau et le sucre et amener à ébullition. Mettre le saindoux et remuer. Incorporer à la farine en mélangeant bien tous les ingrédients. Laver et couper le persil et ajouter à la préparation. Pétrir la pâte et diviser en 24 morceaux.

Présentation

Graisser un moule à gâteaux et y verser la pâte. Démouler.

Bananes à la tire

Ingrédients

2 oeufs
3 bananes
250 ml (1 tasse) de farine
7 c. à soupe (7 c. à table) combles
    de sucre
250 ml (1 tasse) d'eau froide
125 ml (1/2 tasse) d'eau bouillante
80 ml (1/3 tasse) d'huile de sésame
2 c. à soupe (2 c. à table) d'huile de
    maïs
1 c. à soupe (1 c. à table) de graines
    de sésame
persil chinois (coriandre)
1 radis façonné en forme de fleur

Préparation

Bien battre les oeufs. Griller les graines de sésame. Peler les bananes et les couper en rondelles de 2,5 cm (1 po) d'épaisseur. Arroser d'huile de sésame. Enrober généreusement chaque rondelle de farine, tremper dans les oeufs battus, puis fariner de nouveau.

Cuisson

Chauffer l'huile à 230°C (450°F) et frire les bananes jusqu'à ce qu'elles soient dorées. Mettre l'huile de maïs, le sucre et l'eau bouillante dans une casserole. Laisser mijoter jusqu'à ce que le tout soit caramélisé. Frire les bananes une seconde fois.

Présentation

Disposer les tranches de banane sur une assiette, verser la tire par-dessus et saupoudrer de graines de sésame. Placer un radis en fleur au centre de l'assiette. Entourer de persil chinois (coriandre).

Avant de déguster une tranche de banane, ne pas oublier de la plonger dans l'eau glacée afin de ne pas se brûler.

Beignets au sésame

Ingrédients

300 g (10 oz) de farine
1 1/2 c. à café (1 1/2 c. à thé) de
　levure chimique (poudre à pâte)
60 g (2 oz) de sucre
60 g (2 oz) de saindoux
1 oeuf battu
3 c. à café (3 c. à thé) d'eau
huile (pour la friture)
Farce:
100 g (3 oz) de noix de coco
　fraîche, râpée
125 g (4 oz) de sucre
30 g (1 oz) de graines de sésame +
　250 ml (1 tasse) pour l'enrobage
15 g (1/2 oz) de graines de melon
　séchées

Préparation

Tamiser la farine avec la levure chimique (poudre à pâte).
Faire un puits au centre et y déposer le sucre, le saindoux
et l'oeuf. Remuer jusqu'à ce que la préparation soit homogène. Ajouter l'eau par petite quantité à la fois. Pétrir la
pâte. Déposer la noix de coco et le sucre dans un bol et mélanger. Laver les graines de sésame, les sécher et les frire à
basse température dans un wok propre. Mélanger 30 g (1 oz)
de graines de sésame avec les graines de melon et la noix
de coco, et réserver les 250 ml (1 tasse) de graines de sésame restantes.

Confectionner un long rouleau de pâte et le diviser en 20 à
24 morceaux. Pétrir chaque morceau et y déposer une
petite quantité de farce. Pincer les extrémités pour

refermer, puis rouler en boule. Enrober de graines de sésame. Faire chauffer une friteuse jusqu'à ce que l'huile devienne bouillante. Baisser le feu et y déposer les beignets jusqu'à ce qu'ils soient légèrement dorés.

Tartelettes à la noix de coco

Ingrédients

250 g (8 oz) de farine
150 (5 oz) de beurre
30 ml (1 oz) d'eau glacée
Farce:
170 g (6 oz) de sucre
125 ml (4 oz) d'eau bouillante
45 g (1 1/2 oz) de beurre
125 g (4 oz) de noix de coco séchée
2 oeufs battus
1 c. à café (1 c. à thé) de lait
quelques gouttes de vanille
1/2 c. à café (1/2 c. à thé) de levure
    chimique (poudre à pâte)
cerises (pour la décoration)

Préparation

Tamiser la farine et incorporer le beurre coupé en petits morceaux. Bien mélanger avec l'eau glacée et lier pour faire une pâte légère. Laisser reposer.

Dissoudre le sucre dans l'eau bouillante. Baisser la température et laisser cuire pendant 5 minutes. Incorporer 45 g (1 1/2 oz) de beurre et le laisser fondre. Laisser refroidir pendant quelques minutes. Puis ajouter les oeufs battus mélangés au lait, à la vanille, à la levure chimique (poudre à pâte) et à la noix de coco. Mettre au réfrigérateur pendant 1 heure.

Étendre la pâte sur une planche légèrement farinée. Couper la pâte en rondelles et déposer celles-ci dans des petits moules. Remplir de farce jusqu'à mi-hauteur des moules et déposer 1 cerise au centre. Mettre au four sur la grille du centre. Cuire dans un four préchauffé à 150°C (300°F) pendant 30 à 40 minutes.

Boules de neige à la noix de coco

Ingrédients

Pâte:

250 g (8 oz) de farine de riz gluant*
170 ml (6 oz) d'eau
60 ml (1/4 tasse) de fécule de blé
60 ml (1/4 tasse) d'eau bouillante
60 g (2 oz) de saindoux
60 g (2 oz) de sucre

Farce:

125 g (4 oz) de noix de coco séchée
125 g (4 oz) d'arachides
250 ml (1 tasse) de sucre
quelques cerises (pour la décoration)

Préparation

Tamiser la farine. Ajouter l'eau par petite quantité à la fois et pétrir la pâte. Tamiser la fécule de blé dans un autre bol. Ajouter de l'eau bouillante et bien remuer sans arrêt. Mélanger les 2 pâtes et y ajouter 60 g (2 oz) de sucre et le saindoux. Cuire 2/3 de la pâte à la vapeur pendant 15 minutes. Pétrir ensuite avec le restant de la pâte. Hacher les arachides et les mélanger avec le sucre et la noix de coco. Couper la pâte en 32 à 40 morceaux. Façonner des petits nids et mettre un peu de farce dans chacun. Pincer les côtés pour bien refermer. Cuire les boules de neige à la vapeur pendant 3 minutes.

Présentation

Décorer chaque boule de neige avec 1/2 cerise.

*Riz à grains longs, riche en amidon, souvent utilisé pour les recettes de la cuisine chinoise (à ne pas confondre avec un riz mal cuit).

Gâteau éponge à la vanille

Ingrédients

250 ml (1 tasse) de farine
60 ml (1/4 tasse) de levure chimique
    (poudre à pâte) ou de poudre à
    lever
1/2 c. à café (1/2 c. à thé) de
    bicarbonate de soude
1/2 c. à café (1/2 c. à thé) de vanille
6 oeufs
180 ml (3/4 tasse) de sucre
160 ml (2/3 tasse) de saindoux
1 touffe de persil (pour la décoration)

Préparation

Tamiser la farine avec la levure chimique (poudre à pâte) ou la poudre à lever et le bicarbonate de soude. Laisser reposer. Battre les oeufs et y incorporer graduellement le sucre en faisant de grands cercles jusqu'à ce que la préparation soit légère. Incorporer les ingrédients secs, puis la vanille. Laisser reposer pendant 30 minutes. Chauffer le saindoux jusqu'à ce qu'il soit fondu. Verser dans la pâte en remuant sans arrêt.

Déposer 2 morceaux de papier ciré carrés dans une gamelle de bambou destinée à la cuisson à la vapeur. Verser la pâte par-dessus et cuire pendant environ 50 minutes. Décorer avec une touffe de persil.

Petit lexique franco-chinois

Aileron de requin: Yu Chi
Alcool aux feuilles de bambou: Chuc Yip Chiu
Alcool de cuisine: Bai Chiu
Alcool de rose: Mai Kwai li Chiu
Alcool de Shogo: Mou Tai Chiu
Alcool des 5 racines: Wou Chia Pi Chiu
Alcool d'os de tigre: Hu Kou Chiu
Alcool (vin de riz gluant): Mi Chiu (saké japonais)
Amande: Hsing Zen
Baguettes: Kwai tsé
Bol: Wan
Brocoli chinois: Cai Lan
Caille: Yen Chun
Canard: Ya
Canard laqué: Beijing Ya
Canard rôti cantonnais: Sui Ya
Cannelle: Kwei Pi
Carotte: Hong Lo Bach
Champignon de paille: Tsao Ku
Champignon parfumé: Tong Kou
Châtaigne d'eau: Ma thai
Chou chinois: Bai Chai
Chou salé: Tong chai
Cinq-épices: Wu Tsiang Fun
Citronnelle: Xiang Mao
Concombre de mer: Hai shen
Coriandre: Yim Xai
Cresson: Xay Yang chai
Échalote: Tsung
Fécule de maïs: Yu mi fun
Gingembre: Kiang
Ginseng: Yen Shen

Girofle: Ting Hiang

Graines de sésame: Chi ma

Huile de sésame: Ma Yu

Litchi: Li zhi

Lotus: Lien tsé

Marmite à vapeur: Chin lung

Menthe: Po Ho Yip

Monoglutamate: Wei Su
  (extrait de légume)

Nid d'hirondelle: Yen Wo

Nouilles: Mian

Nouilles de riz: Mi fun

Oeuf de cane: Ya tan

Oeuf de mille ans: Pi tan

Oeuf salé: Hsien Tan

Pâte de soya: Tao Fu

Pâte de soya fermentée: La Tao Xi

Poivre de Sichuan: Hua Tsiao

Porc: Ghu

Poulet: Kai

Principe créateur: Yang

Principe récepteur: Yin

Racine de lotus: Iin ng

Riz à grain long: Pei Mi

Riz gluant: Nuo Mi

Riz parfumé: Hsiang Mi

Safran: Hong Hua

Sauce de piment: La chiao chang

Sauce soya claire: Chiang Yu Wong

Sauce soya épaisse: Lo chou

Thé de jasmin: Mout li cha

Thé de lotus: Lien Hoa Cha

Thé noir: Pu erh cha

Thé rouge: Hong cha
Thé vert: Lu cha

Liste des bons restaurants chinois

Beijing	92, rue de la Gauchetière Ouest	861-2003
Cathay	73, rue de la Gauchetière Ouest	866-3131
Chinese Tea House	1127A, rue Ste-Catherine Ouest	845-7441
Deer Garden	1162, boul. St-Laurent	866-7138
Dung Na	83, rue de la Gauchetière Ouest	861-5241
Fung Lam	1071, boul. St-Laurent	861-9165
Fung Shing	1102, boul. St-Laurent	866-0469
Hee Lum Mon	1002, rue St-Urbain	871-1019
Ho Ho Coffee House	52, rue de la Gauchetière Ouest	866-4815
Hong Kong	25, rue de la Gauchetière Ouest	861-0251
Hu Nan	1092, boul. St-Laurent	866-8108
Hwa Yuan	1086, boul. St-Laurent	861-3246
Jardin de Jade	57, rue de la Gauchetière Ouest	861-4941
Jasmine Café	62, rue de la Gauchetière Ouest	861-4501
Joy Inn	1017, boul. St-Laurent	866-9744
Kam Fung	1008, rue Clark	866-4016
Kum Kong	1068, boul. St-Laurent	861-5184
Kum Mon	1027, boul. St-Laurent	861-6665
Leo Foo	1001, boul. St-Laurent	866-7363
Lung Fung	81, rue de la Gauchetière Ouest	866-2121
Ming Yeng	1051, boul. St-Laurent	861-7413
Mon Nan	1098, rue Clark	866-7123
Nan King Coffee	50, rue de la Gauchetière Ouest	866-4815
New Lotus Café	1050, rue Clark	866-8356
Peninsula	1108, rue Clark	866-8369
Poon Kai	67, rue de la Gauchetière Ouest	866-3127
Sang Heung, Le Jardin	14, rue de la Gauchetière Ouest	866-5912
Sun Sun Café	1023, rue Clark	861-4851
Tai Kim Lung	74, rue de la Gauchetière Ouest	861-7556
Tai Sun	70, rue de la Gauchetière Ouest	866-7122
Tan Hong Coffee & Bakery	21, rue de la Gauchetière Ouest	866-4184
Van Roy	1095, rue Clark	871-1724
Yen King	10, rue de la Gauchetière Ouest	861-7178

Liste des bonnes épiceries chinoises

Bangkok	1071, boul. St-Laurent	861-4550
Cali Orient Products	1029, boul. St-Laurent	866-2801
Canadian Chop Suey	1110, boul. St-Laurent	861-5271
Hang Fung	1006, rue Clark	861-6397
Kar Wah Trading	6550, avenue Durocher	272-0611
Kien Xuong	1076, boul. St-Laurent	866-9098
Kuo Feng Hong	69, rue de la Gauchetière Ouest	866-3209
La Maison Saigon	3709, boul. St-Laurent	849-6837
Leong Jung	999, rue Clark	861-9748
Les aliments Lien Thanh	1192, boul. St-Laurent	861-7509
Sang Yuen	1018, boul. St-Laurent	861-1008
Sung Sing Lung	72, rue de la Gauchetière Ouest	861-0815
Tai Wah	1016, boul. St-Laurent	866-2043
Tan Nam	1090, boul. St-Laurent	876-1139
Thu	1096, boul. St-Laurent	861-4855
Vinh-Phong	1063, boul. St-Laurent	861-1079
Wah Kiu Hong	984, rue Clark	861-6402
Wing Fung A&B Noodles	988, Clark	861-7297
Wing Noodles	1009, rue Côté	861-5818

Liste des pharmacies chinoises

| Aux herbes d'Orient | 990, rue St-Urbain | 861-8037 |
| Wai Jian | 1116, boul. St-Laurent | 866-6156 |

Index des recettes par catégories

AGNEAU
Flanc d'agneau à la cocotte, 104

BOEUF
Boeuf au saté servi sur riz, 100
Boeuf aux brocolis, 91
Boeuf au zeste d'orange, 102
Boeuf de Sichuan, 92
Boeuf sauté aux poivrons et aux oignons, 98
Brochettes de boeuf «Sha Cha Jiang», 96
Ragoût de boeuf et nouilles de Pékin, 94

DESSERTS
Bananes à la tire, 181
Beignets au sésame, 183
Biscuits aux amandes, 179
Boules de neige à la noix de coco, 186
Gâteau éponge à la vanille, 187
Petits gâteaux de riz, 180
Salade de fruits ou île printanière, 178
Tartelettes à la noix de coco, 185

HORS-D'OEUVRE, ENTRÉES ET LÉGUMES
Aubergines sautées à la sichuanaise, 45
Beignets en spirale, 47
Champignons en sauce, 42
Champignons parfumés farcis, 43
«Chung» ou gâteaux de riz aux feuilles de bambou, 51
Hors-d'oeuvre aux oeufs de Tonkin, 31
Hors-d'oeuvre aux 4 variétés, 34
1. Boulettes perlées au riz gluant (Pékin), 35
2. Pain farci xaxi (Canton), 35
3. Won-ton frits (Canton), 36
4. Oeufs roulés farcis (Shanghai), 36
Hors-d'oeuvre aux trois couleurs, 33
Légumes chinois à la sauce aux huîtres, 40
Légumes de Shaolin, 38
Pain fumé aux saucisses chinoises, 53
Pâtés chauds, 60
Rouleaux d'été (Hang-Chow), 58
Rouleaux impériaux (Annam), 56
Rouleaux impériaux de Canton, 54
Xa-Xau Pao, 48

PÂTES
Nouilles sautées à la cantonnaise, 138
Vermicelles de Singapour, 134
Vermicelles Saho, 136

POISSONS ET FRUITS DE MER
Bach-choi et mange-tout sautés aux boulettes de crevettes, 160

Calmars sautés à la cantonnaise, 174
Crevettes à la sauce Sichuan, 146
Crevettes corail, 148
Crevettes de Shanghai, 165
Crevettes et cuisses de grenouille sautées à la cantonnaise, 158
Crevettes rouges au riz, 164
Crevettes sautées à la cantonnaise, 169
Filets de poisson Sichuan, 140
Homard sauté aux légumes, 175
La bonne pêche, 151
Langoustines braisées à la cantonnaise, 177
Nid d'oiseau aux crevettes, 149
Oeufs Foo Young aux crevettes et au crabe, 167
Pochettes de crevettes (région de Hang-Chow), 162
Pois mange-tout et pousses de bambou sautés aux crevettes, 171
Poisson doré au bain-vapeur, 144
Salade à la méduse et aux crevettes, 173
Sop suyei de Fu-Zhien, 154
Taro farci aux crevettes, 156

PORC
Côtes de porc et oeufs marinés à la sauce soya claire, 115
Côtes de porc levées à la sauce à l'ananas, 113
Côtes de porc levées de Sichuan, 128
Côtes levées Jing Du, 111
Filet de porc rôti au miel (porc barbecue), 109
Pain de porc à la vapeur, 108
Porc aigre-doux, 106
Porc à l'étuvée de Shanghai, 81
Porc croustillant, 120
Porc Mu-Shu, 125

Porc rôti au miel sur riz, 119
Porc Sichuan, 117
Rognons sautés, 123
Triangles au cari de Singapour, 121

RIZ
Riz frit Yang-Chu, 130
Riz gluant de Canton, 132

SAUCES
Sauce aigre douce (sauce «passe-partout» pour la friture), 142
Sauce hoi-tsin, 126

SOUPES
Soupe aigre-douce, 17
Soupe au maïs, 24
Soupe au melon d'hiver farci, 29
Soupe au poulet et aux pois mange-tout, 21
Soupe au tofu, 22
Soupe aux ailerons de requin, 25
Soupe aux cai-chai (feuilles de moutarde), 27
Soupe aux oeufs et aux champignons, 19
Soupe aux tomates, aux oeufs et aux oignons, 26
Soupe yin-yang, 15

VOLAILLE
Cailles au gingembre, 89
Canard à la sauce pékinoise, 85
Canard doré et argenté, 87
Foies de poulet à la sauce soya, 80
Pilons de poulet au miel et à la sauce chili, 64
Poulet à la cocotte, 70
Poulet au citron, 83
Poulet au gingembre, 72
Poulet aux noix de cajou ou aux arachides, 74
Poulet épicé, 76

Poulet frit en papillotes, 78
Poulet Mu-Shu, 125
Poulet parfumé à l'orange, 66
Poulet rôti à la cantonnaise, 68
Poulet sauté aux poivrons, 62

Index des recettes par ordre alphabétique

A

Aubergines sautées à la sichuanaise, 45

B

Bach-choi et mange-tout sautés aux boulettes de crevettes, 160
Bananes à la tire, 181
Beignets au sésame, 183
Beignets en spirale, 47
Biscuits aux amandes, 179
Boeuf au saté servi sur riz, 100
Boeuf aux brocolis, 91
Boeuf au zeste d'orange, 102
Boeuf de Sichuan, 92
Boeuf sauté aux poivrons et aux oignons, 98
Boules de neige à la noix de coco, 186
Brochettes de boeuf au «Sha Cha Jiang», 96

C

Cailles au gingembre, 89
Calmars sautés à la cantonnaise, 174
Canard à la sauce pékinoise, 85
Canard doré et argenté, 87
Champignons en sauce, 42
Champignons parfumés farcis, 43
«Chung» ou gâteaux de riz aux feuilles de bambou, 51
Côtes de porc et oeufs marinés à la sauce soya claire, 115
Côtes de porc levées à la sauce à l'ananas, 113
Côtes de porc levées de Sichuan, 128
Côtes levées Jing Du, 111
Crevettes à la sauce Sichuan, 146
Crevettes corail, 148
Crevettes de Shanghai, 165
Crevettes et cuisses de grenouille sautées à la cantonnaise, 158
Crevettes rouges au riz, 164
Crevettes sautées à la cantonnaise, 169

F

Filet de porc rôti au miel (porc barbecue), 109
Filets de poisson Sichuan, 140
Flanc d'agneau à la cocotte, 104
Foies de poulet à la sauce soya, 80

G

Gâteau éponge à la vanille, 187

H

Homard sauté aux légumes, 175
Hors-d'oeuvre aux oeufs de Tonkin, 31
Hors-d'oeuvre aux 4 variétés, 34
  1. Boulettes perlées au riz gluant (Pékin), 35
  2. Pain farci xaxi (Canton), 35
  3. Won-ton frits (Canton), 36
  4. Oeufs roulés farcis (Shanghai), 36

Hors-d'oeuvre aux trois couleurs, 33

L
La bonne pêche, 151
Langoustines braisées à la cantonnaise, 177
Légumes chinois à la sauce aux huîtres, 40
Légumes de Shaolin, 38

N
Nid d'oiseau aux crevettes, 149
Nouilles sautées à la cantonnaise, 138

O
Oeufs Foo Young aux crevettes et au crabe, 167

P
Pain de porc à la vapeur, 108
Pain fumé aux saucisses chinoises, 53
Pâtés chauds, 60
Petits gâteaux de riz, 180
Pilons de poulet au miel et à la sauce chili, 64
Pochettes de crevettes (région de Hang-Chow), 162
Pois mange-tout et pousses de bambou sautés aux crevettes, 171
Poisson doré au bain-vapeur, 144
Porc aigre-doux, 106
Porc à l'étuvée de Shanghai, 81
Porc croustillant, 120
Porc ou poulet Mu-Shu, 125
Porc rôti au miel sur riz, 119
Porc Sichuan, 117
Poulet à la cocotte, 70
Poulet au citron, 83
Poulet au gingembre, 72
Poulet aux noix de cajou ou aux arachides, 74
Poulet épicé, 76
Poulet frit en papillotes, 78
Poulet parfumé à l'orange, 66
Poulet rôti à la cantonnaise, 68
Poulet sauté aux poivrons, 62

R
Ragoût de boeuf et nouilles de Pékin, 94
Riz frit Yang-Chu, 130
Riz gluant de Canton, 132
Rognons sautés, 123
Rouleaux d'été (Hang-Chow), 58
Rouleaux impériaux (Annam), 56
Rouleaux impériaux de Canton, 54

S
Salade à la méduse et aux crevettes, 173
Salade de fruits ou île printanière, 178
Sauce aigre-douce (sauce «passe-partout» pour la friture), 142
Sauce hoi-tsin, 126
Sop suyei de Fu-Zhien, 154
Soupe aigre-douce, 17
Soupe au maïs, 24
Soupe au melon d'hiver farci, 29
Soupe au poulet et aux pois mange-tout, 21
Soupe au tofu, 22
Soupe aux ailerons de requin, 25
Soupe aux cai-chai (feuilles de moutarde), 27
Soupe aux oeufs et aux champignons, 19
Soupe aux tomates, aux oeufs et aux oignons, 26
Soupe yin-yang, 15

T
Taro farci aux crevettes, 156
Tartelettes à la noix de coco, 185
Triangles au cari de Singapour, 121

V
Vermicelles de Singapour, 134
Vermicelles Saho, 136

X
Xa-Xau Pao, 48

Table des matières

Préface 9

Introduction 11

Note au lecteur 13

Recettes 15

Petit lexique franco-chinois 188

Liste des bons restaurants chinois 191

Liste des bonnes épiceries chinoises 192

Liste des pharmacies chinoises 193

Index des recettes par catégories 195

Index des recettes par ordre alphabétique 199

Ouvrages parus chez les éditeurs du groupe Sogides

LES EDITIONS DE L'HOMME

ANIMAUX

* **Art du dressage, L'**, Chartier Gilles
Bien nourrir son chat, D'Orangeville Christian
Cheval, Le, Leblanc Michel
Chien dans votre vie, Le, Margolis Matthew et Swan Marguerite
* **Éducation du chien de 0 à 6 mois, L'**, DeBuyser Dr Colette et Dr Dehasse Joël
Encyclopédie des oiseaux, Godfrey W. Earl
Mammifères de mon pays, Duchesnay St-Denis J. et Dumais Rolland
* **Mon chat, le soigner, le guérir**, D'Orangeville Christian
Observations sur les mammifères, Provencher Paul
Papillons du Québec, Veilleux Christian et Prévost Bernard
Petite ferme, T. 1, Les animaux, Trait Jean-Claude

Vous et votre berger allemand, Eylat Martin
Vous et votre boxer, Herriot Sylvain
Vous et votre caniche, Shira Sav
Vous et votre chat de gouttière, Gadi Sol
Vous et votre chow-chow, Pierre Boistel
Vous et votre doberman, Denis Paula
Vous et votre husky, Eylat Martin
Vous et votre labrador, Van Der Heyden Pierre
Vous et vos oiseaux de compagnie, Huard-Viau Jacqueline
Vous et votre persan, Gadi Sol
Vous et votre setter anglais, Eylat Martin
Vous et vos poissons d'aquarium, Ganiel Sonia
Vous et votre siamois, Eylat Odette

ARTISANAT/ARTS MÉNAGERS

Appareils électro-ménagers, Prentice-Hall of Canada
* **Art du pliage du papier**, Harbin Robert
Artisanat québécois, T. 1, Simard Cyril
Artisanat québécois, T. 2, Simard Cyril
Artisanat québécois, T. 3, Simard Cyril
Artisanat québécois, T.4, Simard Cyril, Bouchard Jean-Louis
Bon Fignolage, Le, Arvisais Dolorès A.
Coffret artisanat, Simard Cyril
Comment aménager une salle
Comment utiliser l'espace
Construire sa maison en bois rustique, Mann D. et Skinulis R.

Crochet Jacquard, Le, Thérien Brigitte
Cuir, Le, Saint-Hilaire Louis et Vogt Walter
Décapage-rembourrage
Décoration intérieure, La,
Dentelle, T. 1, La, De Seve Andrée-Anne
Dentelle, T. 2, La, De Seve Andrée-Anne
Dessiner et aménager son terrain, Prentice-Hall of Canada
Encyclopédie de la maison québécoise, Lessard Michel

Encyclopédie des antiquités, Lessard Michel

Entretenir et embellir sa maison, Prentice-Hall of Canada

Entretien et réparation de la maison, Prentice-Hall of Canada

Guide du chauffage au bois, Flager Gordon

J'apprends à dessiner, Nash Joanna

Je décore avec des fleurs, Bassili Mimi

J'isole mieux, Eakes Jon

Mécanique de mon auto, La, Time-Life Book

Menuiserie, La, Prentice-Hall of Canada

* Noeuds, Les, Shaw George Russell

Outils manuels, Les, Prentice-Hall of Canada

Petits appareils électriques, Prentice-Hall of Canada

Piscines, barbecues et patio

Terre cuite, Fortier Robert

Tissage, Le, Grisé-Allard Jeanne et Galarneau Germaine

Tout sur le macramé, Harvey Virginia L.

Trucs ménagers, Godin Lucille

Vitrail, Le, Bettinger Claude

ART CULINAIRE

À table avec soeur Angèle, Soeur Angèle

Art d'apprêter les restes, L', Lapointe Suzanne

Art de la cuisine chinoise, L', Chan Stella

Art de la table, L', Du Coffre Marguerite

Barbecue, Le, Dard Patrice

Bien manger à bon compte, Gauvin Jocelyne

Boîte à lunch, La, Lambert-Lagacé Louise

Brunches & petits déjeuners en fête, Bergeron Yolande

Cheddar, Le, Clubb Angela

Cocktails & punchs au vin, Poister John

Cocktails de Jacques Normand, Normand Jacques

Coffret la cuisine

Confitures, Les, Godard Misette

Congélation de A à Z, La, Hood Joan

Congélation des aliments, Lapointe Suzanne

Conserves, Les, Sansregret Berthe

Cornichons, Ketchups et Marinades, Chesman Andrea

Cuisine au wok, Solomon Charmaine

Cuisine chinoise, La, Gervais Lizette

Cuisine de Pol Martin, Martin Pol

Cuisine facile aux micro-ondes, Saint-Amour Pauline

Cuisine joyeuse de soeur Angèle, La, Soeur Angèle

Cuisine micro-ondes, La, Benoit Jehane

Cuisine santé pour les aînés, Hunter Denyse

Cuisiner avec le four à convection, Benoit Jehane

Cuisinez selon le régime Scarsdale, Corlin Judith

Faire son pain soi-même, Murray Gill Janice

Faire son vin soi-même, Beaucage André

Fondues & flambées de maman Lapointe, Lapointe Suzanne

Fondues, Les, Dard Patrice

Guide canadien des viandes, Le, App. & Services Canada

Muffins, Les, Clubb Angela

Nouvelle cuisine micro-ondes, La, Marchand Marie-Paul et Grenier Nicole

Nouvelle cuisine micro-ondes II, La, Marchand Marie-Paul, Grenier Nicole

Pâtes à toutes les sauces, Les, Lapointe Lucette

Pâtés et galantines, Dard Patrice

Pâtisserie, La, Bellot Maurice-Marie

Pizza, La, Dard Patrice

Poissons et fruits de mer, Sansregret Berthe

Recettes au blender, Huot Juliette

Recettes canadiennes de Laura Secord, Canadian Home Economics Association

Recettes de gibier, Lapointe Suzanne

Recettes de maman Lapointe, Les, Lapointe Suzanne

Recettes Molson, Beaulieu Marcel

Robot culinaire, Le, Martin Pol

Salades, sandwichs, hors-d'oeuvre, Martin Pol

BIOGRAPHIES POPULAIRES

Boy George, Ginsberg Merle
Daniel Johnson, T. 1, Godin Pierre
Daniel Johnson, T. 2, Godin Pierre
Daniel Johnson — Coffret, Godin Pierre
Dans la fosse aux lions, Chrétien Jean
Duplessis, T. 1 — L'ascension, Black Conrad
Duplessis, T. 2 — Le pouvoir, Black Conrad
Duplessis — Coffret, Black Conrad
Dynastie des Bronfman, La, Newman Peter C.
Establishment canadien, L', Newman Peter C.
Frère André, Le, Lachance Micheline
Mastantuono, Mastantuono Michel
Maurice Richard, Pellerin Jean
Mulroney, Macdonald L.I.
Nouveaux Riches, Les, Newman Peter C.
Prince de l'Église, Le, Lachance Micheline
Saga des Molson, La, Woods Shirley

DIÉTÉTIQUE

Contrôlez votre poids, Ostiguy Dr Jean-Paul
* Cuisine sage, Lambert-Lagacé Louise
Diététique dans la vie quotidienne, Lambert-Lagacé Louise
* Maigrir en santé, Hunter Denyse
* Menu de santé, Lambert-Lagacé Louise
Nouvelle cuisine santé, Hunter Denyse
Oubliez vos allergies et... bon appétit, Association de l'information sur les allergies
Petite & grande cuisine végétarienne, Bédard Manon
Plan d'attaque Weight Watchers, Le, Nidetch Jean
Recettes pour aider à maigrir, Ostiguy Dr Jean-Paul
* Régimes pour maigrir, Beaudoin Marie-Josée
Sage Bouffe de 2 à 6 ans, La, Lambert-Lagacé Louise
Weight Watchers — cuisine rapide et savoureuse, Weight Watchers
Weight Watchers-Agenda 85 — Français, Weight Watchers
Weight Watchers-Agenda 85 — Anglais, Weight Watchers

DIVERS

* Acheter ou vendre sa maison, Brisebois Lucille
* Acheter et vendre sa maison ou son condominium, Brisebois Lucille
* Bourse, La, Brown Mark
Chaînes stéréophoniques, Les, Poirier Gilles
* Choix de carrières, T. 1, Milot Guy
* Choix de carrières, T. 2, Milot Guy
* Choix de carrières, T. 3, Milot Guy
* Comment rédiger son curriculum vitae, Brazeau Julie
Conseils aux inventeurs, Robic Raymond
* Dictionnaire économique et financier, Lafond Eugène
* Faire son testament soi-même, Me Poirier Gérald, Lescault Nadeau Martine (notaire)
* Faites fructifier votre argent, Zimmer Henri B.
* Guide de la haute-fidélité, Le, Prin Michel
* Je cherche un emploi, Brazeau Julie
* Loi et vos droits, La, Marchand Paul-Émile
* Règles d'or de la vente, Les, Kahn George N.
* Roulez sans vous faire rouler, T. 3, Edmonston Philippe
Savoir vivre aujourd'hui, Fortin Jacques Marcelle
Séjour dans les auberges du Québec, Cazelais Normand, Coulon Jacques
Stratégies de placements, Nadeau Nicole
Temps des fêtes au Québec, Le, Montpetit Raymond
Tenir maison, Gaudet-Smet Françoise
* Tout ce que vous devez savoir sur le condominium, Dubois Robert
Univers de l'astronomie, L', Tocquet Robert
Vente, La, Hopkins Tom
Votre système vidéo, Boisvert Michel, Lafrance André A.
* Week-end à New York, Tavernier-Cartier Lise

ENFANCE

* **Aider son enfant en maternelle,** Pedneault-Pontbriand Louise
* **Aidez votre enfant à lire et à écrire,** Doyon-Richard Louise
* **Aidez votre enfant à lire et à écrire,** Doyon-Richard Louise
* **Alimentation futures mamans,** Gougeon Réjeanne et Sekely Trude
* **Années clés de mon enfant, Les,** Caplan Frank et Theresa
* **Art de l'allaitement maternel, L',** Ligue internationale La Leche
* **Autorité des parents dans la famille,** Rosemond John K.
* **Avoir des enfants après 35 ans,** Robert Isabelle
* **Comment amuser nos enfants,** Stanké Louis
* **Comment nourrir son enfant,** Lambert-Lagacé Louise
* **Deuxième année de mon enfant, La,** Caplan Frank et Theresa
* **Développement psychomoteur du bébé,** Calvet Didier
* **Douze premiers mois de mon enfant, Les,** Caplan Frank
* **En attendant notre enfant,** Pratte-Marchessault Yvette
* **Encyclopédie de la santé de l'enfant,** Feinbloom Richard I.
* **Enfant stressé, L',** Elkind David
* **Enfant unique, L',** Peck Ellen
* **Femme enceinte, La,** Bradley Robert A.
* **Fille ou garçon,** Langendoen Sally, Proctor William
* **Frères-soeurs,** Mcdermott Dr John F. Jr.
* **Futur père,** Pratte-Marchessault Yvette
* **Jouons avec les lettres,** Doyon-Richard Louise
* **Langage de votre enfant, Le,** Langevin Claude
* **Maman et son nouveau-né, La,** Sekely Trude
* **Massage des bébés, Le,** Auckette Amélia D.
* **Merveilleuse histoire de la naissance, La,** Gendron Dr Lionel
* **Mon enfant naîtra-t-il en bonne santé?,** Scher Jonathan, Dix Carol
* **Pour bébé, le sein ou le biberon?,** Pratte-Marchessault Yvette
* **Pour vous future maman,** Sekely Trude
* **Préparez votre enfant à l'école,** Doyon-Richard Louise
* **Psychologie de l'enfant,** Cholette-Pérusse Françoise
* **Secret du paradis, Le,** Stolkowski Joseph
* **Tout se joue avant la maternelle,** Ibuka Masaru
* **Un enfant naît dans la chambre de naissance,** Fortin Nolin Louise
* **Viens jouer,** Villeneuve Michel José
* **Vivez sereinement votre maternité,** Vellay Dr Pierre
* **Vivre une grossesse sans risque,** Fried, Dr Peter A.

ÉSOTÉRISME

* **Coffret — Passé — Présent — Avenir**
* **Graphologie, La,** Santoy Claude
* **Hypnotisme, L',** Manolesco Jean
* **Interprétez vos rêves,** Stanké Louis
* **Lignes de la main,** Stanké Louis
* **Lire dans les lignes de la main,** Morin Michel
* **Prévisions astrologiques 1985,** Hirsig Huguette
* **Vos rêves sont des miroirs,** Cayla Henri
* **Votre avenir par les cartes,** Stanké Louis

HISTOIRE

* **Arrivants, Les,** Collectif
* **Ramsès II, le pharaon triomphant,** Kitchen K.A.

INFORMATIQUE

* **Découvrir son ordinateur personnel,** Faguy François
* **Guide d'achat des micro-ordinateurs,** Le Blanc Pierre

JARDINAGE

Arbres, haies et arbustes, Pouliot Paul
Culture des fleurs, des fruits, Prentice-Hall of Canada
Encyclopédie du jardinier, Perron W.H.
Guide complet du jardinage, Wilson Charles

Petite ferme, T. 2 — Jardin potager, Trait Jean-Claude
Plantes d'intérieur, Les, Pouliot Paul
Techniques du jardinage, Les, Pouliot Paul
* Terrariums, Les, Kayatta Ken

JEUX/DIVERTISSEMENTS

Améliorons notre bridge, Durand Charles
* Bridge, Le, Beaulieu Viviane
Clés du scrabble, Les, Sigal Pierre A.
Collectionner les timbres, Taschereau Yves
* Dictionnaire des mots croisés, noms communs, Lasnier Paul
* Dictionnaire des mots croisés, noms propres, Piquette Robert
* Dictionnaire raisonné des mots croisés, Charron Jacqueline

Finales aux échecs, Les, Santoy Claude
Jeux de société, Stanké Louis
* Jouons ensemble, Provost Pierre
* Ouverture aux échecs, Coudari Camille
Scrabble, Le, Gallez Daniel
Techniques du billard, Morin Pierre
* Voir clair aux échecs, Tranquille Henri

LINGUISTIQUE

Améliorez votre français, Laurin Jacques
* Anglais par la méthode choc, L', Morgan Jean-Louis
Corrigeons nos anglicismes, Laurin Jacques
* J'apprends l'anglais, Silicani Gino

Notre français et ses pièges, Laurin Jacques
Petit dictionnaire du joual, Turenne Auguste
Secrétaire bilingue, La, Lebel Wilfrid
Verbes, Les, Laurin Jacques

LIVRES PRATIQUES

Bonnes idées de maman Lapointe, Les, Lapointe Lucette

Temps c'est de l'argent, Le, Davenport Rita

MUSIQUE ET CINÉMA

* Belles danses, Les, Dow Allen
* Guitare, La, Collins Peter

Wolfgang Amadeus Mozart raconté en 50 chefs-d'oeuvre, Roussel Paul

NOTRE TRADITION

Coffret notre tradition
Écoles de rang au Québec, Les, Dorion Jacques
Encyclopédie du Québec, T. 1, Landry Louis
Encyclopédie du Québec, T. 2, Landry Louis
Histoire de la chanson québécoise, L'Herbier Benoît

Maison traditionnelle, La, Lessard Micheline
Moulins à eau de la vallée du Saint-Laurent, Adam Villeneuve
Objets familiers de nos ancêtres, Genet Nicole
Vive la compagnie, Daigneault Pierre

PHOTOGRAPHIE (ÉQUIPEMENT ET TECHNIQUE)

* **Apprenez la photographie avec Antoine Desilets,** Desilets Antoine
  Chasse photographique, La, Coiteux Louis
  8/Super 8/16, Lafrance André
  Initiation à la Photographie, London Barbara
  Initiation à la Photographie-Canon, London Barbara
  Initiation à la Photographie-Minolta, London Barbara
  Initiation à la Photographie-Nikon, London Barbara

Initiation à la Photographie-Olympus, London Barbara
Initiation à la Photographie-Pentax, London Barbara
* **Je développe mes photos,** Desilets Antoine
* **Je prends des photos,** Desilets Antoine
* **Photo à la portée de tous,** Desilets Antoine
  Photo guide, Desilets Antoine
* **Technique de la photo, La,** Desilets Antoine

PSYCHOLOGIE

Âge démasqué, L', De Ravinel Hubert
* **Aider mon patron à m'aider,** Houde Eugène
* **Amour de l'exigence à la préférence,** Auger Lucien
  Au-delà de l'intelligence humaine, Pouliot Élise
  Auto-développement, L', Garneau Jean
  Bonheur au travail, Le, Houde Eugène
  Bonheur possible, Le, Blondin Robert
  Chimie de l'amour, La, Liebowitz Michael
* **Coeur à l'ouvrage, Le,** Lefebvre Gérald
  Coffret psychologie moderne
  Colère, La, Tavris Carol
* **Comment animer un groupe,** Office Catéchèse
* **Comment avoir des enfants heureux,** Azerrad Jacob
* **Comment déborder d'énergie,** Simard Jean-Paul
  Comment vaincre la gêne, Catta Rene-Salvator
* **Communication dans le couple, La,** Granger Luc
* **Communication et épanouissement personnel,** Auger Lucien
  Comprendre la névrose et aider les névrosés, Ellis Albert
* **Contact,** Zunin Nathalie
* **Courage de vivre, Le,** Kiev Docteur A.
  Courage et discipline au travail, Houde Eugène
  Dynamique des groupes, Aubry J.-M. et Saint-Arnaud Y.
  Élever des enfants sans perdre la boule, Auger Lucien
* **Émotivité et efficacité au travail,** Houde Eugène

Enfants de l'autre, Les, Paris Erna
* **Être soi-même,** Corkille Briggs, D.
* **Facteur chance, Le,** Gunther Max
* **Fantasmes créateurs, Les,** Singer Jérôme
* **J'aime,** Saint-Arnaud Yves
  Journal intime intensif, Progoff Ira
  Miracle de l'amour, Un, Kaufman Barry Neil
* **Mise en forme psychologique,** Corrière Richard
* **Parle-moi... J'ai des choses à te dire,** Salome Jacques
  Penser heureux, Auger Lucien
* **Personne humaine, La,** Saint-Arnaud Yves
* **Première impression, La,** Kleinke Chris, L.
  Prévenir et surmonter la déprime, Auger Lucien
* **Psychologie dans la vie quotidienne,** Blank Dr Léonard
* **Psychologie de l'amour romantique,** Braden Docteur N.
* **Qui es-tu grand-mère? Et toi grand-père?,** Eylat Odette
* **S'affirmer et communiquer,** Beaudry Madeleine
* **S'aider soi-même,** Auger Lucien
* **S'aider soi-même davantage,** Auger Lucien
* **S'aimer pour la vie,** Wanderer Dr Zev
* **Savoir organiser, savoir décider,** Lefebvre Gérald
* **Savoir relaxer et combattre le stress,** Jacobson Dr Edmund
* **Se changer,** Mahoney Michael
* **Se comprendre soi-même par des tests,** Collectif
* **Se concentrer pour être heureux,** Simard Jean-Paul

Se connaître soi-même, Artaud Gérard
* Se contrôler par biofeedback, Ligonde Paultre
* Se créer par la Gestalt, Zinker Joseph
* S'entraider, Limoges Jacques
* Se guérir de la sottise, Auger Lucien
Séparation du couple, La, Weiss Robert S.
Sexualité au bureau, La, Horn Patrice

Tendresse, La, Wölfl Norbert
* Vaincre ses peurs, Auger Lucien
Vivre à deux: plaisir ou cauchemar, Duval Jean-Marie
* Vivre avec sa tête ou avec son coeur, Auger Lucien
Vivre c'est vendre, Chaput Jean-Marc
* Vivre jeune, Waldo Myra
* Vouloir c'est pouvoir, Hull Raymond

ROMANS/ESSAIS

Adieu Québec, Bruneau André
Baie d'Hudson, La, Newman Peter C.
Bien-pensants, Les, Berton Pierre
Bousille et les justes, Gélinas Gratien
Coffret Establishment canadien, Newman Peter C.
Coffret Joey
C.P., Susan Goldenberg
Commettants de Caridad, Les, Thériault Yves
Deux innocents en Chine Rouge, Hébert Jacques
Dome, Jim Lyon
Emprise, L', Brulotte Gaétan
IBM, Sobel Robert
Insolences du Frère Untel, Les, Untel Frère

ITT, Sobel Robert
J'parle tout seul, Coderre Émile
Lamia, Thyraud de Vosjoli P.L.
Mensonge amoureux, Le, Blondin Robert
Nadia, Aubin Benoît
Oui, Lévesque René
Premiers sur la Lune, Armstrong Neil
Telle est ma position, Mulroney Brian
Terrorisme québécois, Le, Morf Gustave
Un doux équilibre, King Annabelle
Vrai visage de Duplessis, Le, Laporte Pierre

SANTÉ ET ESTHÉTIQUE

Allergies, Les, Delorme Dr Pierre
Art de se maquiller, L', Moizé Alain
* Bien vivre sa ménopause, Gendron Dr Lionel
Bronzer sans danger, Doka Bernadette
* Cellulite, La, Ostiguy Dr Jean-Paul
Cellulite, La, Léonard Dr Gérard J.
Exercices pour les aînés, Godfrey Dr Charles, Feldman Michael
Face lifting par l'exercice, Le, Runge Senta Maria
Grandir en 100 exercices, Berthelet Pierre
* Guérir ses maux de dos, Hall Dr Hamilton
Médecine esthétique, La, Lanctot Guylaine
Obésité et cellulite, enfin la solution, Léonard Dr Gérard J.
Santé, un capital à préserver, Peeters E.G.
Travailler devant un écran, Feeley, Dr Helen
Coffret 30 jours
30 jours pour avoir de beaux cheveux, Davis Julie

30 jours pour avoir de beaux ongles, Bozic Patricia
30 jours pour avoir de beaux seins, Larkin Régina
30 jours pour avoir de belles cuisses, Stehling Wendy
30 jours pour avoir de belles fesses, Cox Déborah
30 jours pour avoir un beau teint, Zizmor Dr Jonathan
30 jours pour cesser de fumer, Holland Gary, Weiss Herman
30 jours pour mieux organiser, Holland Gary
30 jours pour perdre son ventre, Burstein Nancy
30 jours pour perdre son ventre (homme), Matthews Roy, Burnstein Nancy
30 jours pour redevenir un couple amoureux, Nida Patricia K., Cooney Kevin
30 jours pour un plus grand épanouissement sexuel, Schneider Alan, Laiken Deidre

SEXOLOGIE

Adolescente veut savoir, L', Gendron Lionel

Fais voir, Fleischhaner H.

Guide illustré du plaisir sexuel, Corey Dr Robert E.

Helga, Bender Erich F.

Plaisir partagé, Le, Gary-Bishop Hélène

* **Première expérience sexuelle, La,** Gendron Lionel

* **Sexe au féminin, Le,** Kerr Carmen

* **Sexualité du jeune adolescent,** Gendron Lionel

* **Sexualité dynamique, La,** Lefort Dr Paul

* **Shiatsu et sensualité,** Rioux Yuki

SPORTS

Collection sport: dirigée par **LOUIS ARPIN**

100 trucs de billard, Morin Pierre

5BX Le programme pour être en forme

Apprenez à patiner, Marcotte Gaston

Arc et la Chasse, L', Guardo Greg

* **Armes de chasse, Les,** Petit Martinon Charles

* **Badminton, Le,** Corbeil Jean

* **Canoe-kayak, Le,** Ruck Wolf

* **Carte et boussole,** Kjellstrom Bjorn

* **Chasse au petit gibier, La,** Paquet Yvon-Louis

Chasse et gibier du Québec, Bergeron Raymond

Chasseurs sachez chasser, Lapierre Lucie

* **Comment se sortir du trou au golf,** Brien Luc

* **Comment vivre dans la nature,** Rivière Bill

* **Corrigez vos défauts au golf,** Bergeron Yves

Curling, Le, Lukowich Ed.

Devenir gardien de but au hockey, Allaire François

Encyclopédie de la chasse au Québec, Leiffet Bernard

Entraînement, poids-haltères, L', Ryan Frank

Exercices à deux, Gregor Carol

Golf au féminin, Le, Bergeron Yves

Grand livre des sports, Le, Le groupe Diagram

Guide complet du judo, Arpin Louis

* **Guide complet du self-defense,** Arpin Louis

Guide d'achat de l'équipement de tennis, Chevalier Richard, Gilbert Yvon

* **Guide de survie de l'armée américaine**

Guide des jeux scouts, Association des scouts

Guide du judo au sol, Arpin Louis

Guide du self-defense, Arpin Louis

Guide du trappeur, Le, Provencher Paul

Hatha yoga, Piuze Suzanne

* **J'apprends à nager,** Lacoursière Réjean

* **Jogging, Le,** Chevalier Richard

Jouez gagnant au golf, Brien Luc

Larry Robinson, le jeu défensif, Robinson Larry

Lutte olympique, La, Sauvé Marcel

* **Manuel de pilotage,** Transports Canada

* **Marathon pour tous,** Anctil Pierre

* **Médecine sportive,** Mirkin Dr Gabe

Mon coup de patin, Wild John

* **Musculation pour tous,** Laferrière Serge

Natation de compétition, La, Lacoursière Réjean

Partons en camping, Satterfield Archie, Bauer Eddie

Partons sac au dos, Satterfield Archie, Bauer Eddie

Passes au hockey, Les, Champleau Claude

Pêche à la mouche, La, Marleau Serge

Pêche à la mouche, Vincent Serge-J.

Pêche au Québec, La, Chamberland Michel

* **Planche à voile, La,** Maillefer Gérald

* **Programme XBX,** Aviation Royale du Canada

Provencher, le dernier coureur des bois, Provencher Paul

Racquetball, Corbeil Jean

Racquetball plus, Corbeil Jean

Raquette, La, Osgoode William

* **Règles du golf, Les,** Bergeron Yves

Rivières et lacs canotables, Fédération québécoise du canot-camping

* **S'améliorer au tennis,** Chevalier Richard

Secrets du baseball, Les, Raymond Claude

Ski de fond, Le, Caldwell John
Ski de fond, Le, Roy Benoît
* Ski de randonnée, Le, Corbeil Jean
Soccer, Le, Schwartz Georges
* Sport, santé et nutrition, Ostiguy Dr Jean
Stratégie au hockey, Meagher John W.
Surhommes du sport, Les, Desjardins Maurice
* Taxidermie, La, Labrie Jean
Techniques du billard, Morin Pierre

* Technique du golf, Brien Luc
Techniques du hockey en URSS, Dyotte Guy
* Techniques du tennis, Ellwanger
* Tennis, Le, Roch Denis
Tous les secrets de la chasse, Chamberland Michel
Vivre en forêt, Provencher Paul
Voie du guerrier, La, Di Villadorata
Yoga des sphères, Le, Leclerq Bruno

le jour,
éditeur

ANIMAUX

Guide du chat et de son maître, Laliberté Robert
Guide du chien et de son maître, Laliberté Robert

Poissons de nos eaux, Melançon Claude

ART CULINAIRE ET DIÉTÉTIQUE

Armoire aux herbes, L', Mary Jean
Breuvages pour diabétiques, Binet Suzanne
Cuisine du jour, La, Pauly Robert
Cuisine sans cholestérol, Boudreau-Pagé
Desserts pour diabétiques, Binet Suzanne
Jus de santé, Les, Brunet Jean-Marc
Mangez ce qui vous chante, Pearson Dr Leo

Mangez, réfléchissez et devenez svelte, Kothkin Leonid
Nutrition de l'athlète, Brunet Jean-Marc
Recettes Soeur Berthe — été, Sansregret soeur Berthe
Recettes Soeur Berthe — printemps, Sansregret soeur Berthe

ARTISANAT/ARTS MÉNAGERS

Décoration, La, Carrier Diane
Diagrammes de courtepointes, Faucher Lucille
Douze cents nouveaux trucs, Grisé-Allard Jeanne

Encore des trucs, Grisé-Allard Jeanne
Mille trucs madame, Grisé-Allard Jeanne
Toujours des trucs, Grisé-Allard Jeanne

DIVERS

Administrateur de la prise de décision, L', Filiatreault P., Perreault, Y.G.
Administration, développement, Laflamme Marcel
Assemblées délibérantes, Béland Claude
Assoiffés du crédit, Les, Féd. des A.C.E.F.
Baie James, La, Bourassa Robert

Bien s'assurer, Boudreault Carole
Cent ans d'injustice, Hertel François
Ces mains qui vous racontent, Boucher André-Pierre
550 métiers et professions, Charneux Helmy
Coopératives d'habitation, Les, Leduc Murielle

Dangers de l'énergie nucléaire, Les, Brunet Jean-Marc

Dis papa c'est encore loin, Corpatnauy Francis

Dossier pollution, Chaput Marcel

Énergie aujourd'hui et demain, De Martigny François

Entreprise, le marketing et, L', Brousseau

Forts de l'Outaouais, Les, Dunn Guillaume

Grève de l'amiante, La, Trudeau Pierre

Hiérarchie ethnique dans la grande entreprise, Rainville Jean

Impossible Québec, Brillant Jacques

Initiation au coopératisme, Béland Claude

Julius Caesar, Roux Jean-Louis

Lapokalipso, Duguay Raoul

Lune de trop, Une, Gagnon Alphonse

Manifeste de l'infonie, Duguay Raoul

Mouvement coopératif québécois, Deschêne Gaston

Obscénité et liberté, Hébert Jacques

Philosophie du pouvoir, Blais Martin

Pourquoi le bill 60, Gérin-Lajoie P.

Stratégie et organisation, Desforges Jean, Vianney C.

Trois jours en prison, Hébert Jacques

Vers un monde coopératif, Davidovic Georges

Vivre sur la terre, St-Pierre Hélène

Voyage à Terre-Neuve, De Gébineau comte

ENFANCE

Aidez votre enfant à choisir, Simon Dr Sydney B.

Deux caresses par jour, Minden Harold

* Enseignants efficaces, Gordon Thomas

Être mère, Bombeck Erma

Parents efficaces, Gordon Thomas

Parents gagnants, Nicholson Luree

Psychologie de l'adolescent, Pérusse-Cholette Françoise

1500 prénoms et significations, Grisé Allard J.

ÉSOTÉRISME

* Astrologie et la sexualité, L', Justason Barbara

Astrologie et vous, L', Boucher André-Pierre

* Astrologie pratique, L', Reinicke Wolfgang

Faire sa carte du ciel, Filbey John

* Géomancie, La, Hamaker Karen

Grand livre de la cartomancie, Le, Von Lentner G.

* Grand livre des horoscopes chinois, Le, Lau Theodora

Graphologie, La, Cobbert Anne

* Horoscope et énergie psychique, Hamaker-Zondag

Horoscope chinois, Del Sol Paula

Lu dans les cartes, Jones Marthy

* Pendule et baguette, Kirchner Georg

* Pratique du tarot, La, Thierens E.

Preuves de l'astrologie, Comiré André

Qui êtes-vous? L'astrologie répond, Tiphaine

Synastrie, La, Thornton Penny

Traité d'astrologie, Hirsig Huguette

Votre destin par les cartes, Dee Nerys

HISTOIRE

Administration en Nouvelle-France, L', Lanctot Gustave

Crise de la conscription, La, Laurendeau André

Histoire de Rougemont, Bédard Suzanne

Lutte pour l'information, La, Godin Pierre

Mémoires politiques, Chaloult René

Rébellion de 1837, Saint-Eustache, Globensky Maximilien

Relations des Jésuites T. 2

Relations des Jésuites T. 3

Relations des Jésuites T. 4

Relations des Jésuites T. 5

JEUX/DIVERTISSEMENTS

Backgammon, Lesage Denis

LINGUISTIQUE

Des mots et des phrases, T. 1, Dagenais Gérard

Des mots et des phrases, T. 2, Dagenais Gérard

Joual de Troie, Marcel Jean

NOTRE TRADITION

Ah mes aïeux, Hébert Jacques

Lettre à un Français qui veut émigrer au Québec, Dubuc Carl

OUVRAGES DE RÉFÉRENCE

Règles d'or de la vente, Les, Kahn George N.

PSYCHOLOGIE

* **Adieu,** Halpern Dr Howard
* **Agressivité créatrice,** Bach Dr George
* **Aimer son prochain comme soi-même,** Murphy Joseph
* **Anti-stress, L',** Eylat Odette
  Arrête! tu m'exaspères, Bach Dr George
  Art d'engager la conversation et de se faire des amis, L', Gabor Don
* **Art de convaincre, L',** Ryborz Heinz
* **Art d'être égoïste, L',** Kirschner Josef
* **Au centre de soi,** Gendlin Dr Eugène
* **Auto-hypnose, L',** Le Cron M. Leslie
  Autre femme, L', Sevigny Hélène
  Bains Flottants, Les, Hutchison Michael
* **Bien dans sa peau grâce à la technique Alexander,** Stransky Judith
  Ces vérités vont changer votre vie, Murphy Joseph
  Chemin infaillible du succès, Le, Stone W. Clément
  Clefs de la confiance, Les, Gibb Dr Jack
  Comment aimer vivre seul, Shanon Lynn
* **Comment devenir des parents doués,** Lewis David
* **Comment dominer et influencer les autres,** Gabriel H.W.
  Comment s'arrêter de fumer, Mc Farland J. Wayne
* **Comment vaincre la timidité en amour,** Weber Éric
  Contacts en or avec votre clientèle, Sapin Gold Carol
* **Contrôle de soi par la relaxation, Mar-** cotte Claude
  Couple homosexuel, Le, McWhirter David P., Mattison Andrew M.

Découvrez l'inconscient par la parapsychologie, Ryzl Milan
* **Devenir autonome,** St-Armand Yves
* **Dire oui à l'amour,** Buscaglia Léo
  Enfants du divorce se racontent, Les, Robson Bonnie
* **Ennemis intimes,** Bach Dr George
  Espaces intérieurs, Les, Eisenberg Dr Howard
  États d'esprit, Glasser Dr William
* **Être efficace,** Hanot Marc
  Être homme, Goldberg Dr Herb
* **Fabriquer sa chance,** Gittenson Bernard
  Famille moderne et son avenir, La, Richards Lyn
  Gagner le match, Gallwey Timothy
  Gestalt, La, Polster Erving
  Guide de l'urgence-stress, Reuben Dr David
  Guide du succès, Le, Hopkins Tom
  L'Harmonie, une poursuite du succès, Vincent Raymond
* **Homme au dessert, Un,** Friedman Sonya
  Homme en devenir, L', Houston Jean
* **Homme nouveau, L', Bodymind,** Dychtwald Ken
* **Jouer le tout pour le tout,** Frederick Carl
  Maigrir sans obsession, Orbach Susie
  Maîtriser la douleur, Bogin Meg
  Maîtriser son destin, Kirschner Josef
  Manifester son affection, Bach Dr George
* **Mémoire, La,** Loftus Elizabeth
* **Mémoire à tout âge, La,** Dereskey Ladislaus
* **Mère et fille,** Horwick Kathleen
* **Miracle de votre esprit,** Murphy Joseph

* **Mort et après, La,** Ryzl Milan
* **Négocier entre vaincre et convaincre,** Warschaw Dr Tessa
  Nouvelles Relations entre hommes et femmes, Goldberg Herb
* **On n'a rien pour rien,** Vincent Raymond
* **Oracle de votre subconscient,** Murphy Joseph
  Paradigme holographique, Le, Wilber Ken
  Parapsychologie, La, Ryzl Milan
* **Parlez pour qu'on vous écoute,** Brien Micheline
* **Partenaires,** Bach Dr George
  Passion du succès, La, Vincent Raymond
* **Pensée constructive et bon sens,** Vincent Dr Raymond
* **Penser mieux,** Lewis Dr David
  Personnalité, La, Buscaglia Léo
  Personne n'est parfait, Weisinger Dr H.
  Pourquoi ne pleures-tu pas?, Yahraes Herbert, McKnew Donald H. Jr., Cytryn Leon
  Pouvoir de votre cerveau, Le, Brown Barbara
  Prospérité, La, Roy Maurice
* **Psy-jeux,** Masters Robert
* **Puissance de votre subconscient, La,** Murphy Dr Joseph
* **Qui veut peut,** Sher Barbara
  Reconquête de soi, La, Paupst Dr James C.
* **Réfléchissez et devenez riche,** Hill Napoléon
* **Réussir,** Hanot Marc
  Rythmes de votre corps, Les, Weston Lee
  S'aimer ou le défi des relations humaines, Buscaglia Léo
  Se vider dans la vie et au travail, Pines Ayala M.
* **Secrets de la communication,** Bandler Richard
* **Self-control,** Marcotte Claude
* **Succès par la pensée constructive, Le,** Hill Napoléon
  Technostress, Brod Craig
* **Thérapies au féminin, Les,** Brunet Dominique
  Tout ce qu'il y a de mieux, Vincent Raymond
  Triomphez de vous-même et des autres, Murphy Dr Joseph
  Univers de mon subconscient, L', Dr Ray Vincent
  Vaincre la dépression par la volonté et l'action, Marcotte Claude
  Vers le succès, Kassorla Dr Irène C.
* **Vieillir en beauté,** Oberleder Muriel
* **Vivre c'est vendre,** Chaput Jean-Marc
* **Vivre heureux avec le strict nécessaire,** Kirschner Josef
  Votre perception extra-sensorielle, Milan Dr Ryzl
* **Voyage vers la guérison,** Naranjo Claudio

ROMANS/ESSAIS

À la mort de mes 20 ans, Gagnon P.O.
Affrontement, L', Lamoureux Henri
Bois brûlé, Roux Jean-Louis
100 000e exemplaire, Le, Dufresne Jacques
C't'a ton tour Laura Cadieux, Tremblay Michel
Cité dans l'oeuf, La, Tremblay Michel
Coeur de la baleine bleue, Poulin Jacques
Coffret petit jour, Martucci Abbé Jean
Colin-Maillard, Hémon Louis
Contes pour buveurs attardés, Tremblay Michel
Contes érotiques indiens, Schwart Herbert
Crise d'octobre, Pelletier Gérard
Cyrille Vaillancourt, Lamarche Jacques
Desjardins Al., Homme au service, Lamarche Jacques
De Z à A, Losique Serge
Deux Millième étage, Le, Carrier Roch
D'Iberville, Pellerin Jean
Dragon d'eau, Le, Holland R.F.
Équilibre instable, L', Deniset Louis
Éternellement vôtre, Péloquin Claude
Femme d'aujourd'hui, La, Landsberg Michele
Femmes et politique, Cohen Yolande
Filles de joie et filles du roi, Lanctot Gustave
Floralie où es-tu, Carrier Roch
Fou, Le, Châtillon Pierre
Français langue du Québec, Le, Laurin Camille
Hommes forts du Québec, Weider Ben
Il est par là le soleil, Carrier Roch
J'ai le goût de vivre, Delisle Isabelle
J'avais oublié que l'amour, Doré-Joyal Yves

Jean-Paul ou les hasards de la vie, Bellier Marcel
Johnny Bungalow, Villeneuve Paul
Jolis Deuils, Carrier Roch
Lettres d'amour, Champagne Maurice
Louis Riel patriote, Bowsfield Hartwell
Louis Riel un homme à pendre, Osler E.B.
Ma chienne de vie, Labrosse Jean-Guy
Marche du bonheur, La, Gilbert Normand
Mémoires d'un Esquimau, Metayer Maurice

Mon cheval pour un royaume, Poulin J.
Neige et le feu, La, Baillargeon Pierre
N'Tsuk, Thériault Yves
Opération Orchidée, Villon Christiane
Orphelin esclave de notre monde, Labrosse Jean
Oslovik fait la bombe, Oslovik
Parlez-moi d'humour, Hudon Normand
Scandale est nécessaire, Le, Baillargeon Pierre
Vivre en amour, Delisle Lapierre

SANTÉ

Alcool et la nutrition, L', Brunet Jean-Marc
Bruit et la santé, Le, Brunet Jean-Marc
Chaleur peut vous guérir, La, Brunet Jean-Marc
Échec au vieillissement prématuré, Blais J.
Greffe des cheveux vivants, Guy Dr
Guérir votre foie, Brunet Jean-Marc
Information santé, Brunet Jean-Marc
Magie en médecine, Silva Raymond
Maigrir naturellement, Lauzon Jean-Luc

Mort lente par le sucre, Duruisseau Jean-Paul
40 ans, âge d'or, Taylor Eric
Recettes naturistes pour arthritiques et rhumatisants, Cuillerier Luc
Santé de l'arthritique et du rhumatisant, Labelle Yvan
* **Tao de longue vie, Le,** Soo Chee
Vaincre l'insomnie, Filion Michel, Boisvert Jean-Marie, Melanson Danielle
Vos aliments sont empoisonnés, Leduc Paul

SEXOLOGIE

* **Aimer les hommes pour toutes sortes de bonnes raisons,** Nir Dr Yehuda
* **Apprentissage sexuel au féminin, L',** Kassorla Irene
* **Comment faire l'amour à un homme,** Penney Alexandra
* **Comment faire l'amour à une femme,** Morgenstern Michael
* **Comment faire l'amour ensemble,** Penney Alexandra
* **Comment séduire les filles,** Weber Éric
Dépression nerveuse et le corps, La, Lowen Dr Alexander
Drogues, Les, Boutot Bruno
* **Femme célibataire et la sexualité, La,** Robert M.

* **Jeux de nuit,** Bruchez Chantal
* **Massage en profondeur, Le,** Bélair Michel
Massage pour tous, Le, Morand Gilles
* **Orgasme au féminin, L',** L'heureux Christine
* **Orgasme au masculin, L',** Boutot Bruno
* **Orgasme au pluriel, L',** Boudreau Yves
Première fois, La, L'Heureux Christine
Rapport sur l'amour et la sexualité, Brecher Edward
Sexualité expliquée aux adolescents, La, Boudreau Yves
Sexualité expliquée aux enfants, La, Cholette Pérusse F.

SPORTS

Baseball-Montréal, Leblanc Bertrand
Chasse au Québec, Deyglun Serge
Chasse et gibier du Québec, Guardo Greg
Exercice physique pour tous, Bohemier Guy
Grande forme, Baer Brigitte
Guide des pistes cyclables, Guy Côté

Guide des rivières du Québec, Fédération canot-kayac
Lecture des cartes, Godin Serge
Offensive rouge, L', Boulonne Gérard
Pêche et coopération au Québec, Larocque Paul
Pêche sportive au Québec, Deyglun Serge

Raquette, La, Lortie Gérard
Santé par le yoga, Piuze Suzanne
Saumon, Le, Dubé Jean-Paul
Ski nordique de randonnée, Brady Michael
Technique canadienne de ski, O'Connor Lorne

Truite et la pêche à la mouche, La, Ruel Jeannot
Voile, un jeu d'enfants, La, Brunet Mario

ASTROLOGIE

* **Ciel de mon pays, Le, T. 1,** Haley Louise
* **Ciel de mon pays, Le, T. 2,** Haley Louise

BIOGRAPHIES

* **Papineau,** De Lamirande Claire
* **Personne ne voudra savoir,** Schirm François

DIVERS

* **Défi québécois, Le,** Monnet François-Marie
* **Dieu est Dieu nom de Dieu,** Clavel Maurice
* **Hybride abattu, L',** Boissonnault Pierre
* **Montréal ville d'avenir,** Roy Jean
* **Nouveau Canada à notre mesure,** Matte René
* **Pour une économie du bon sens,** Pelletier Mario
* **Québec et ses partenaires,** A.S.D.E.Q.
* **Qui décide au Québec?,** Ass. des économistes du Québec
* **15 novembre 76,** Dupont Pierre
* **Relations du travail,** Centre des dirigeants d'entreprise
* **Schabbat,** Bosco Monique
* **Syndicats en crise, Les,** Dupont Pierre
* **Tant que le monde s'ouvrira,** Gagnon G.
* **Tout sur les p'tits journaux,** Fontaine Mario

HISTOIRE

* **Canada — Les débuts héroïques,** Creighton Donald

HUMOUR

* **Humour d'Aislin, L',** Mosher Terry-Aislin

LINGUISTIQUE

* **Guide raisonné des jurons,** Pichette Jean

NOTRE TRADITION

* **À diable-vent,** Gauthier Chassé Hélène
* **Barbes-bleues, Les,** Bergeron Bertrand
* **Bête à sept têtes, La,** Légaré Clément
* **C'était la plus jolie des filles,** Deschênes Donald
* **Contes de bûcherons,** Dupont Jean-Claude
* **Corbeau du mont de la Jeunesse, Le,** Desjardins Philémon
* **Menteries drôles et merveilleuses,** Laforte Conrad
* **Oiseau de la vérité, L',** Aucoin Gérald
* **Pierre La Fève,** Légaré Clément

PSYCHOLOGIE

* **Esprit libre, L'**, Powell Robert

ROMANS/ESSAIS

* **Aaron**, Thériault Yves
* **Aaron, 10/10**, Thériault Yves
* **Agaguk**, Thériault Yves
* **Agaguk, 10/10**, Thériault Yves
* **Agénor, Agénor, Agénor et Agénor**, Barcelo François
* **Ah l'amour, l'amour**, Audet Noël
* **Amantes**, Brossard Nicole
* **Après guerre de l'amour, L'**, Lafrenière J.
* **Aube**, Hogue Jacqueline
* **Aube de Suse, L'**, Forest Jean
* **Aventure de Blanche Morti, L'**, Beaudin Beaupré Aline
* **Beauté tragique**, Robertson Heat
* **Belle épouvante, La**, Lalonde Robert
* **Black Magic**, Fontaine Rachel
* **Blocs erratiques**, Aquin Hubert
* **Blocs erratiques, 10/10**, Aquin Hubert
* **Bourru mouillé**, Poupart Jean-Marie
* **Bousille et les justes**, Gélinas Gratien
* **Bousille et les justes, 10/10**, Gélinas Gratien
* **Carolie printemps**, Lafrenière Joseph
* **Charles Levy M.D.**, Bosco Monique
* **Chère voisine**, Brouillet Chrystine
* **Chère voisine, 10/10**, Brouillet Chrystine
* **Chroniques du Nouvel-Ontario**, Brodeur Hélène
* **Confessions d'un enfant**, Lamarche Jacques
* **Corps vêtu de mots, Le**, Dussault Jean
* **Coup de foudre**, Brouillet Chrystine
* **Couvade, La**, Baillie Robert
* **Cul-de-sac, 10/10**, Thériault Yves
* **De mémoire de femme**, Andersen Marguerite
* **Demi-Civilisés, Les, 10/10**, Harvey Jean-Charles
* **Dernier havre, Le, 10/10**, Thériault Yves
* **Dernière chaîne, La**, Latour Chrystine
* **Des filles de beauté**, Baillie Robert
* **Difficiles lettres d'amour**, Garneau Jacques
* **Dix contes et nouvelles fantastiques**, Collectif
* **Dix nouvelles de science-fiction québécoise**, Collectif
* **Dix nouvelles humoristiques**, Collectif
* **Dompteurs d'ours, Le**, Thériault Yves

* **Double suspect, Le**, Monette Madeleine
* **En eaux troubles**, Bowering George
* **Entre l'aube et le jour**, Brodeur Hélène
* **Entre temps**, Marteau Robert
* **Entretiens avec O. Létourneau**, Huot Cécile
* **Esclave bien payée, Une**, Paquin Carole
* **Essai sur l'Hindouisme**, Dussault Jean-Claude
* **Été de Jessica, Un**, Bergeron Alain
* **Et puis tout est silence**, Jasmin Claude
* **Été sans retour, L'**, Gevry Gérard
* **Faillite du Canada anglais, La**, Genuist Paul
* **Faire sa mort comme faire l'amour**, Turgeon Pierre
* **Faire sa mort comme faire l'amour, 10/10**, Turgeon Pierre
* **Femme comestible, La**, Atwood Margaret
* **Fille laide, La**, Thériault Yves
* **Fille laide, La, 10/10**, Thériault Yves
* **Fleur aux dents, La**, Archambault Gilles
* **Fragiles lumières de la terre**, Roy Gabrielle
* **French Kiss**, Brossard Nicole
* **Fridolinades, T. 1 (45-46)**, Gélinas Gratien
* **Fridolinades, T. 2 (43-44)**, Gélinas Gratien
* **Fridolinades, T. 3 (41-42)**, Gélinas Gratien
* **Fuites & poursuites**, Collectif
* **Gants jetés, Les**, Martel Émile
* **Grand branle-bas, Le**, Hébert Jacques
* **Grand Elixir, Le**, De Lamirande Claire
* **Grand rêve de madame Wagner, Le**, Lavigne Nicole
* **Histoire des femmes au Québec**, Collectif Clio
* **Holyoke**, Hébert François
* **Homme sous vos pieds, L'**, Gevry Gérard
* **Hubert Aquin**, Lapierre René
* **Improbable autopsie, L'**, Paré Paul
* **Indépendance oui mais**, Bergeron Gérard
* **IXE-13**, Saurel Pierre
* **Jazzy**, Doerkson Margaret
* **Je me veux**, Lamarche Claude

* **Je tourne en rond mais c'est autour de toi,** Beaulieu Michel
* **Laura Colombe, contes,** Monfils Nadine
* **Liaison parisienne, Une,** Blais Marie-Claire
* **Littérature et le reste, La,** Marcotte Gilles
* **Livre, Un,** Brossard Nicole
* **Livres de Hogg, Les,** Callaghan Barry
* **Liv Ullmann Ingmar Bergman,** Garfinkel Bernie
* **Long des paupières brunes, Le,** Ross Rollande
* **Maîtresse d'école, La,** Dessureault Guy
* **Manufacture de machines, La,** Hébert Louis-Philippe
* **Manuscrit trouvé dans une valise,** Hébert Louis-Philippe
* **Marquée au corps,** Atwood Margaret
* **Mauvais frère, Le,** Latour Christine
* **Mémoires de J.E. Bernier, Les,** Terrien Paul

* **Mère des herbes, La,** Marchessault, Jovette
* **Miroir persan, Le,** Pavel Thomas
* **Mort après la mort, La,** Bouchard Claude
* **Mort vive, La,** Ouellette Fernand
* **Mur de Berlin P.Q., Le,** Forest Jean
* **Mythe de Nelligan, Le,** Larose Jean
* **Nourrice!... Nourrice!...,** Forest Jean
* **Océan, L', suivi de Murmures,** Blais Marie-Claire
* **Olives noires, Les,** Dubé Danielle
* **Ombre derrière le coeur, Une,** Bilodeau Camille
* **Orbe du désir, L',** Dussault Jean
* **Ours, L',** Engel Marian
* **Pan-cul, Le,** Cayla Henri
* **Passe, La,** Szucsany Désirée
* **Petites violences,** Monette Madeleine
* **Philosophe-chat, Le,** Savoie Roger
* **Pins parasols, Les,** Archambault Gilles
* **Plaisirs de la mélancolie,** Archambault Gilles
* **Pour une civilisation du plaisir,** Dussault Jean
* **Première personne, La, 10/10,** Turgeon Pierre

* **Première personne, La,** Turgeon Pierre
* **Printemps peut attendre, Le,** Dahan Andrée
* **Prochainement sur cet écran,** Turgeon Pierre
* **Québec sans le Canada, Le,** Harbron John D.
* **Réformiste, Le,** Godbout Jacques
* **Rendez-vous, Le,** Hébert François
* **Représentation, La,** Beaulieu Michel
* **Salut bonhomme,** Dropaott Papartchou
* **Sauver le monde,** Sanger Clyde
* **Scouine, La,** Laberge Albert
* **Scouine, La, 10/10,** Laberge Albert
* **Silences à voix haute,** Harel Jean-Pierre
* **Simple soldat, Un,** Dubé Marcel
* **Simple soldat, Un, 10/10,** Dubé Marcel
* **Société de conservation, La,** Gamma groupe
* **Sold Out,** Brossard Nicole
* **Sortie d'elle-s mutante,** Beaulieu Germaine
* **Surveillant, Le,** Brulotte Gaétan
* **Sylvie Stone,** Beaulieu Michel
* **Tayaout, 10/10,** Thériault Yves
* **Temps du Carcajou, Le, 10/10,** Thériault Yves
* **Tit-Coq,** Gélinas Gratien
* **Tit-Coq, 10/10,** Gélinas Gratien
* **Tout le portrait de sa mère,** Latour Christine
* **Tout un été l'hiver,** Beaudry Marguerite
* **Tragédie polaire,** Svirsky Grigori
* **37 1/2AA,** Leblanc Louise
* **Triangle brisé, Le,** Latour Christine
* **Trois soeurs de personne, Les,** Robert Suzanne
* **Tu regardais intensément Geneviève,** Ouellette Fernand
* **Un, deux, trois,** Turgeon Pierre
* **1 Place du Québec Paris VIe,** Saint-Georges
* **Velue, La,** Monfils Nadine
* **Vendeurs du temple, Les,** Thériault Yves
* **Vulpera,** Robert Suzanne

Achevé   Imprimerie
d'imprimer Gagné Ltée
au Canada Louiseville